音訳事例集

図版の読み方編

遠藤美枝子

この書籍は、図版や写真など視覚資料の「音訳事例」をまとめたものである。
音訳事例を紹介するにあたり、基本的に、図版・グラフは新たに描き起こし、
写真は一部イラスト化し掲載している。図版を描き起こせないものについては、
版元の許諾により転載した図版・写真を掲載している。

はじめに

　1973（昭和48）年、都立中央図書館が開館と同時に「対面朗読サービス」を開始した際、朗読者（当時はまだ「音訳」という言葉はありませんでした）が、一番驚かされたことは、図や表、写真など「視覚的な資料もすべて読んでほしい」という利用者からの要望でした。リクエストされる図書は専門書ばかり。医学書、法律関係、生物学等々、その分野は多岐にわたり、使用されている図も複雑で、どのように説明したら理解していただけるか、全くわかりませんでした。

　そしてこの時から、対面朗読の中で利用者と朗読者が頭をつきあわせて、図を説明する方法を模索しはじめたのです。「一本の線を説明するのにも何回もやり取りをし、ダメ出しをされ、やっとわかっていただけた」という積み重ねが、現在の図の読み方の土台になっているのです。朗読者はこのやり取りの中で、「"見えない"ということはどういうことか」を、利用者の方たちから教えていただきました。

　例えば、グラフのタテ軸、ヨコ軸について、タテ軸の場合は「下から」、ヨコ軸の場合は「右から」伝えること。

　最近、音訳者の中には、「タテ軸の目盛りはほとんど下からだから、上からの時だけ『上から』と伝えればいい」として省略される方も多いようです。けれども「下から」を省略されると、利用者の90％は下からの目盛りだろうと推測できても、あくまでそれは推測であり「100％確実」とは言えないのです。

　長方形や楕円の形についても「たて長」なのか「よこ長」なのかによって大きな違いが生じます。

このように小さな事実に言及することを積み重ねることが、図をわかりやすく説明する上での必須条件なのです。

「見たままを、伝えること」

　音訳者の役割は「目のかわりをすること」です。原本中の文章に言葉をつけ足したり、言い替えたりすることは「原本同一性」の原則に反するということはよくご承知だと思います。

　「視覚的な資料の伝え方」に関しても、同様のことが言えます。本文中に解説がない図の説明の場合など、著者の了解を得ずに音訳者がイチから解説文を作成してしまうことは、著作権法に抵触しかねません。

　「線は線で、矢印は矢印で、見たままの形で説明してほしい」「文章で表現されているものが、図ではどのように描かれているか知りたい」という利用者の言葉を大事にして、見たままを伝えることが、音訳者の役割です。利用者から「わからない」と言われたら、どこがわかりにくかったのか研究してください。初心者の音訳者にとっては難しいでしょうが、まずやってみてください。一本の線を表現するためにどれだけの言葉があるか、自分の語彙を増やすことも必要です。そのうちにだんだんコツがつかめてくるでしょう。

　そして「見たままを伝える」ことが、音訳者にとって一番楽な方法であるとおわかりいただけると思います。

　「視覚的な資料の伝え方」には正解がありません。この事例集をたたき台に、さらにわかりやすい説明を考えていただけたら幸いです。

もくじ

はじめに ・・・・・・・・・・・・・・・・・・・・・・・・・・・・・・・・ **3**

第1章 視覚的な資料について伝えるポイント

1 著者の意図を的確に把握すること ・・・・・・・・・・ **10**

2 本文と図などの説明との「ツナギ」部分は
できるだけ事務的に処理する ・・・・・・・・・・・・ **11**

3 はじめに図の全体像（骨組み）を簡潔に伝えておく ・ **12**

4 図や写真が思い描けるように表現する ・・・・・・・ **13**

5 文章表現の工夫が必要 ・・・・・・・・・・・・・・ **14**

6 不明確な事柄については断言しない ・・・・・・・・ **17**

7 音声表現技術の重要性 ・・・・・・・・・・・・・・ **18**

8 省略も技術 ・・・・・・・・・・・・・・・・・・・ **19**

9 写真説明について留意点 ・・・・・・・・・・・・・ **19**

10「わかりにくい伝え方」に気づくことからスタート ・ **26**

第2章 具体的な資料に基づく伝え方事例

2-1 グラフ

①円グラフ ・・・・・・・・・・・・・・・・・・・・・ **28**

②折れ線グラフと棒グラフの複合 ・・・・・・・・・・ **30**

③帯グラフ ・・・・・・・・・・・・・・・・・・・・・ **32**

④バタフライ・チャート ・・・・・・・・・・・・・・・ **34**

2-2 表

①表組み　タイプ1 ・・・・・・・・・・・・・・・・・・・・・ **36**

②表組み　タイプ2 ・・・・・・・・・・・・・・・・・・・・・ **38**

③年表（早見表） ・・・・・・・・・・・・・・・・・・・・・・ **40**

④比較表 ・・・・・・・・・・・・・・・・・・・・・・・・・・・・・ **42**

2-3 地図

①引き出し線のある地図1 ・・・・・・・・・・・・・ **44**

②引き出し線のある地図2 ・・・・・・・・・・・・・ **46**

③引き出し線のある地図3 ・・・・・・・・・・・・・ **48**

④移動の様子を示す地図 ・・・・・・・・・・・・・・ **50**

⑤路線図 ・・・・・・・・・・・・・・・・・・・・・・・・・・・・・ **52**

⑥推移を表す地図 ・・・・・・・・・・・・・・・・・・・・ **54**

⑦ネットワークを表す地図 ・・・・・・・・・・・・・ **56**

⑧分布を表す地図 ・・・・・・・・・・・・・・・・・・・・ **58**

⑨航路図 ・・・・・・・・・・・・・・・・・・・・・・・・・・・・・ **60**

⑩観光案内地図 ・・・・・・・・・・・・・・・・・・・・・・ **62**

⑪小説の舞台となった場所を示す地図 ・・・ **64**

⑫都市集成図 ・・・・・・・・・・・・・・・・・・・・・・・・ **66**

⑬名所巡り地図 ・・・・・・・・・・・・・・・・・・・・・・ **68**

2-4 流れ図（フローチャート）

①流れ図（フローチャート）1 ・・・・・・・・・・ **70**

②流れ図（フローチャート）2 ・・・・・・・・・・ **72**

2-5 系図

①世系図 ・・・・・・・・・・・・・・・・・・・ **74**

②氏系図 ・・・・・・・・・・・・・・・・・・・ **76**

③家系図 ・・・・・・・・・・・・・・・・・・・ **78**

2-6 その他の図解

①関連や流れを示す図　1 ・・・・・・・・・ **80**

②関連や流れを示す図　2 ・・・・・・・・・ **82**

③体系図 ・・・・・・・・・・・・・・・・・・・ **84**

④4象限マトリックス ・・・・・・・・・・・ **86**

⑤相関図　1 ・・・・・・・・・・・・・・・・・ **88**

⑥相関図　2 ・・・・・・・・・・・・・・・・・ **90**

⑦特殊な図 ・・・・・・・・・・・・・・・・・・ **92**

⑧化学構造式　1 ・・・・・・・・・・・・・・ **94**

⑨化学構造式　2 ・・・・・・・・・・・・・・ **96**

⑩フラクタル図形 ・・・・・・・・・・・・・・ **99**

⑪フリップス曲線 ・・・・・・・・・・・・・・ **100**

2-7 写真

①風景画の写真 ・・・・・・・・・・・・・・・ **102**

②史実の写真 ・・・・・・・・・・・・・・・・・ **104**

③ノンフィクションの写真 ・・・・・・・・ **106**

④生物写真 ・・・・・・・・・・・・・・・・・・ **110**

2-8 挿絵

①エッセイ　挿絵 ······················· **112**

②小説の解説本　挿絵 ··················· **114**

③サイエンス読み物　挿絵 ··············· **116**

2-9 表紙

①人物画が使われている表紙 ············· **118**

②抽象画の表紙と帯 ····················· **120**

③写真の入った表紙 ····················· **122**

第3章　絵本やマンガなどの伝え方事例

3-1 絵本 ································ **126**

3-2 4コマ マンガ ······················ **130**

出典 ····································· **132**

おわりに ································· **133**

第1章
視覚的な資料について伝えるポイント

第1章
視覚的な資料について伝えるポイント

「視覚的な資料」と言っても、その形態は多様です。
　表とグラフの伝え方については一定の型ができてきましたが、さし絵、地図、写真、マンガなどについては千差万別で型にはめることができません。そして、音訳者はそれらの資料をすべて言葉に置き換えて伝えなければなりません。少しでもわかりやすく伝えるために、音訳者はどんな点に留意すべきか、実例をもとに考えてみましょう。

1 著者の意図を的確に把握すること

「原本の文章を読む」と同様に、図や写真の説明をする際にも「その図や写真を掲載した著者の意図」「その図や写真から読みとってほしいことは何か」を的確に把握して伝えることが求められます。

［例］

Ｓさん宅で出してくれたごちそう。主食はバナナだ。

（音訳例）テーブルに並べられたごちそうの写真です。
　　　　　　　↓
（音訳例の修正）広いテーブルに丸い中皿が３枚とグラスが数個。お皿の上にはバナナとイモ類のようにみえる食べ物がのっています。

－10－

【ここでのポイント】
　この記事は、南米に入植した日本人が、荒れ地の開墾にいかに苦労したか、そして現在も貧しい生活を強いられているかを取材した特集でした。その苦しい生活の中で、記者たちに精一杯のごちそうをしてくれた移住者とその子孫たちの気持ちをくみとった写真です。
　はじめの説明では、たくさんのごちそうが並べられているように受け取れませんか？　もちろん記者の気持ちに言及する必要はありません。それはこの写真を見た読者が感じることです。音訳者の仕事は、実際の写真の情景を具体的に伝えるだけでいいのです。その説明の中から聴き手が「それがごちそうなのか」と感じてくれれば、著者の意図した説明になっていたと言えるのではないでしょうか。

2 本文と図などの説明との「ツナギ」部分はできるだけ事務的に処理する

［例］
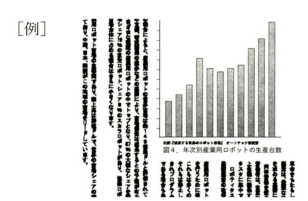

〔本文〕……今後はさらに増加し続けるだろうと予測されている。（図４）
ページXX、図４．年次別産業用ロボットの生産台数
（説明）……略……　図４　説明終わり
〔本文〕ただし産業用ロボットには、表１に示すように……〔以下略〕

【ここでのポイント】
　「XXページに図４．年次別産業用ロボットの生産台数のグラフがあります」としないこと。また、「本文に戻ります」も要りません。
　著者の文章に向き合っていた聴き手の前に、音訳者が突然、人格をもって立ちあらわれてしまうのは避けましょう。（説明）からが音訳者の登場です。

🔍 特に写真の場合、キャプションはキャプションのまま読んでください。

［例］

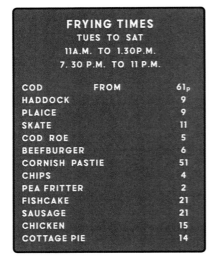

P.XX　写真　フィッシュ・アンド・チップス店の値段表（1960年代）（説明）…

（悪い音訳例）XXページに1960年代のフィッシュ・アンド・チップス店の
　　　　　　　値段表の写真があります。

【ここでのポイント】
　悪い例では、実際に本文にはどのように記載されているかわかりません。「キャプション」と断る必要もありません。音訳者はそのまま読んで「説明」から登場しましょう。

＊なお上の例は、蔵書製作の場合に特に気をつけていただきたい点であり、広報やプライベートで製作する場合は、また形が変わってきます。

3 はじめに図の全体像（骨組み）を簡潔に伝えておく

　特に流れ図や地図、系図などの場合、細部から説明するのではなく「誰から誰まで何世代にわたる系図なのか」「どこの地図なのか」などについて、はじめに簡単に説明しておきましょう。対面朗読の場合は、この前置きだけですむことが多いようです。

［音訳例1］　人間の脳を横に切った断面図で、どの部位にどのヘルニアがお
　　　　　こるかが示されています。

［音訳例２］　男性の立位、正面、全身図です。（医学、鍼灸関連の本の場合）
［音訳例３］　言葉と矢印を使って、人が健康な状態から、病気になり回復するまでの過程をあらわした図です。
［音訳例４］　左から右へ、だんだんこまかく枝分かれしていく組織図
［音訳例５］　言葉が書かれた12の横なが長方形のワクを下向き矢印でつないだ流れ図です。

4 図や写真が思い描けるように表現する

　図の内容を解釈して伝えるのではなく、「形」は「形」のまま、「線」は「線」のまま伝えましょう。図の内容を理解することはとても大事ですが、音訳者が理解できない図を説明しなければいけない場合も多々あります。また、誤った解釈を伝えることを避けるためにも、目で見たとおりそのまま伝えてください。

［例］

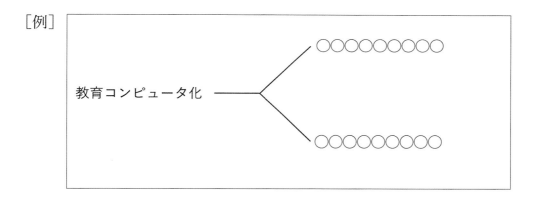

（音訳例）教育コンピュータ化が２つに分かれ……
　　　　　　　　　↓
（音訳例の修正）教育コンピュータ化から右に出た線がさらに上下２段に分かれ……

【ここでのポイント】
　はじめの説明を聞いた利用者の方から「『教育』と『コンピュータ化』の２つに分かれるのかと思った」と指摘がありました。図を見ている音訳者と、見ていない利用者の違いが端的にあらわれた例と言えるでしょう。

5 文章表現の工夫が必要

　説明は必要最小限の言葉で、具体的に表現しましょう。ちょっとした言葉の変化で伝達力が変わってきます。常に「わかりやすく伝える」ための工夫を重ねてください。

［例1］

人名	所得額（百万円）
佐藤○△	8,830,000
鈴木×○	7,769,000
高橋○○	6,383,000
田中△△	5,312,000
伊藤××	5,053,000
渡辺□△	4,043,000
山本○×	3,029,000
中村□□	2,026,000
小林△○	1,010,000
加藤×△	873,000
吉田□○	813,000
山田△□	799,000

（音訳例）縦に人名と所得額が書かれています。
　　　　　　　↓
（音訳例の修正）横書きで縦長の表です。むかって左側は、人名で合計36人。
　　　　　　　　右側にそれぞれの所得額が書かれています。

【ここでのポイント】

　表の項目で「タテに」「ヨコに」は使わないこと。「タテの項目」「ヨコの項目」ときちんと伝えましょう。

［例2］

（音訳例）着物を着た少女の絵の上にタテにタイトルが書かれています。
　　　　　　　↓
（音訳例の修正）着物を着た少女の絵の上に重ねて、タテ書きでタイトルが
　　　　　　　書かれています。

【ここでのポイント】
「絵の上に」は「上方に」と、とれてしまいます。

［例3］

（音訳例）
左横から撮った胸もとから上の写真です。正面をむいたAさんは……
　　　　　　　↓
（音訳例の修正）
Aさんを左横から撮った胸もとから上の写真です。顔だけカメラの方にむけたAさんは……

【ポイント】
　説明にはできるだけ平易な言葉を使うこと。
　一般書の中で専門用語を使わない。
　文章は短く簡潔に。一文ですべてを説明しようとしないこと。
　一文（20～30字）に1つか2つの内容で、「マ」を十分とって読むようにしましょう。利用者はこの「マ」で、そこまでの説明を思い返しているのです。

［例４］

（音訳例）着物の柄は青海波(せいがいは)で……

　　　　　　↓

（音訳例の修正）半分開いた扇を、いくつも重ねた柄で波のように見えます。

［例５］

（音訳例）柱はエンタシスで……

　　　　　　↓

（音訳例の修正）柱は円柱で上端は細く、真ん中から下へふくらみ太くなっています。

【ここでのポイント】

　着物の柄について書かれた書物の場合は「青海波」を使ってください。建築の専門書の場合は「エンタシス」を使ってください。

　小説の挿絵の場合は、修正例のほうが具体的に図柄が思い浮かぶかもしれません。

［例6］

（音訳例）左右には木々の生えた高い崖。その間から、幅広の滝が落ちています。水しぶきがあがり、水の勢いが感じられます。滝壺の周辺には見物の人の姿もチラホラ描かれています。(79文字)

※体言止めも使い、できるだけ短い文章にまとめます。それを意識するために文字数を掲載しています（文字数は句読点も漢字も一文字で計算しています）。

6 不明確な事柄については断言しない

✎次のような点について注意しましょう。
- 地図の東西南北
- 系図の長幼の順
- グラフの数値
- 年度と年次
- 比較するものがない時の大小　　etc.

✎地図の方角や、風景写真の場合に特に注意が必要。
　富士山やスカイツリーなどの名所は例外として、著者が場所を特定していない場合は触れなくて可。

:7 音声表現技術の重要性

　数字だけの「表」を読む場合でも、「読み」の技術は重要。「マ」のとり方や声の調子をかえることで、わかりやすく伝えることができます。

［例1］
（音訳例）グラフ 2 は、1955 〜 94年における対米輸出と対アジア輸出の推移をあらわしています。

【ここでのポイント】
グラフには〜　と読みわけができますか？

［例2］
5月28日　首相は前に出て原発再稼働の判断を急げ
　　　　　重み増す太平洋諸島との絆
　　29日　政府の事故対応の甘さにもっと踏み込め
　　　　　再審のあり方を問い直そう

【ここでのポイント】
　社説の見出しを表にしたものです。見えている人には、2段になっているので次の見出しに移ったことがわかりますが、見えない人に読みでそれを伝えることができますか？
　番号をつけたり、「次」という言葉を補うことなく「マ」と声の高低で読んでみましょう。

［例3］
　主な補選と衆参の選挙での自民党の浮き沈みを表にすると、その激しさがわかる。
　　　89年2月　参院福岡補選大敗↓
　　　同年7月　参院選大敗↓
　　　90年2月　衆院選で安定過半数維持↑

【ここでのポイント】
　次の行に移るとき、「マ」を十分とり、声を上げて読んでいますか。下向き矢印の次に次の選挙の年月をすぐ読んでしまうと、矢印でつながっているように聞こえてしまうので注意しましょう。

省略も技術
　すべての資料を音声化して伝えることが前提ですが、説明のために何十分もの時間を要するような場合は、上手に省略しましょう。図の掲載されているページ数、図のタイトル、原本の説明文は必ず伝えること。
　また、図の全体像を簡単に伝えて、情報が「ゼロ」になってしまわないように注意してください（第2章p96～97を参照のこと）。

9 写真説明について留意点
①キャプションや原本の文章から連想されるイメージに注意が必要。

［例1］

XXページ　写真　1階エレベーター・ホール
<u>天井中央部にテレビカメラのレンズがひそんでいる。</u>
　↓
（例1の音訳修正例）
説明…左右にエレベーターが並んでいるビルの中のエレベーター・ホール。天井はアーチ型になっていますが、どこにレンズがひそんでいるかわかりません。説明おわり

［例2］

「天上山の頂上が、うっすらと雪化粧をしていた。」
　　　↓
（例2の音訳修正例）
（本文）　XXXページ　写真
説明　海上から撮影した写真です。下1／3は海、その向こうに海岸線から切り立ったような山。山頂は平らで、山の上に空と雲。山に雪があるかどうかはわかりません。　説明おわり

【ここでのポイント】
　キャプションや本文中に記載されていても、例のように、写真で判別できない場合はその旨を伝えましょう。

②複数枚を同時に説明する場合は、最初に枚数を。巻頭グラビア等、数ページにわたる場合は、仮に番号をつけるのも可。ただし、「音訳者注」を入れて、その旨を断りましょう。

③カラー写真の場合は色を伝えてください。色を見たことがない人でも色の「イメージ」は持っています。
（音訳例）
参考図書：絵本『くろは　おうさま』メネナ・コティン 文　ロサナ・フィリア 絵　宇野和美 訳　サウザンブックス社 発行
　目の見えない子どもが感じている「色」の世界を描いたメキシコの絵本です。機会がありましたらお手にとってみてください。

④写真の大きさは特別の場合のみで可。

　写真が出てくる度に「タテ何センチ、ヨコ何センチ」と告げる必要はありません。

　風景写真に場合は、タテ長かヨコ長か、にふれると効果的。

⑤カメラ・アングルに注意
　どこから撮影した写真なのかを伝えることで、イメージしやすくなります。

[例１]

XXXページ　写真
ベルリンのアレクサンダー広場にあるフィッシュ・アンド・チップス店（2013年）
　　↓
（例１の音訳例）
説明
通りから建物の外観を写しています。１階と２階の間に横長の大きな看板。英語でFish & Chipsと書かれています。１階、２階とも全面ガラス張りです。１階左手にガラスのドア。１階店内は中央にカウンター席。左の壁際にテーブル席。両方に客の姿が見えています。カウンターの中には店員の姿も。
説明おわり

[例2]

XXXページ　写真
ニューヨークにあったクーパーズ・フィッシュ・アンド・チップス・ストア（1936年）
　　　↓
（例2の音訳例）
説明
店内の奥から出入口の方にむけて撮影した写真です。
むかって左側にカウンターとカウンター席。客がいっぱいに座っています。カウンターの中では店員が働いています。中央の通路をはさみ、写真むかって右側にはテーブル席。こちらも満席です。
出入口周辺には、立って順番を待つ人の姿も写っています。
説明おわり

【ここでのポイント】
　例1・例2の2枚の写真はキャプションを読んだだけではどんな店なのか、全くわかりません。
　音訳の例のように説明中にカメラ・アングルを加えることで2枚の写真の違いがはっきりしてきます。

[例3]

(音訳例)
川の水面近くにカメラを構え、上流から勢いよく流れてくる水流を撮った写真です。

【ここでのポイント】
川の流れの勢いが感じられるように伝えましょう。

⑥客観的に表現することは大切ですが、主観が入るのをおそれて説明を省略してしまっては本末転倒。利用者は音訳者の目を通して「見ている」ことを忘れずに。ただし、服装の好みなど個人差の大きい事柄については慎重に。

[例1]

(音訳例)　リボンで飾られた美しい帽子です。
　　　　　　↓
(音訳例の修正)　リボンで飾られた帽子が目立ちます。

［例2］

（音訳例）悲しそうな顔をした少女の写真です。
　　　　　　　↓
（音訳例の修正）口をかたく引きむすび、目を伏し目にした悲しそうな表情の少女の写真です。

【ここでのポイント】
　本文から少女が悲しい表情をうかべている場面であることが読みとれた場合、「悲しい」と伝えて可。ただし、読み手はどこをみて「悲しそう」と感じたか明示すること。

［例3］

（音訳例）
説明　不思議な写真です。空中に平行に走る二本の線。たぶん電線でしょう。その一本に、大きなツノを持つ動物の頭部の骨が、ツノを電線にひっかけてぶらさがっているようにみえます。　説明おわり

【ここでのポイント】
　旅行記の冒頭、XXページにわたる口絵写真のうちの1枚です。本文中に関連する記載はなく、キャプションも付いていませんでした。「不思議な」というのは音訳者の主観ですが、みなさんはこの説明文を読んで、どのように感じられたでしょうか？　説明だけを聴いて原画や写真を見ることができない利用者の方のもどかしさを想像してみてください。

⑦わからない時は「わからない」と言いましょう。
　昨今のジェンダーレスの風潮に乗って、被写体の人物について「性別に触れないほうがよいのでは？」という意見があると聞きました。けれども「見ため」を伝えることが音訳者の役目です。はっきり男性と見てとれる人物についても、性別に触れないのは不自然であると同時に、利用者の「知る権利」を妨害しているとも言えます。
　もちろん若いモデルを起用した広告やポスターなど、性別不明の人物写真も増えています。その場合は髪形や服装を告げて「女性のように見えますが、はっきりわかりません。」と説明すればすむことです。

（音訳例）
説明　　チェック柄のテーブルクロスがかかった小さなテーブルの向こう側にすわっている家族のような男女4人の姿。むかって左側から、エプロン姿の中年の女性。隣が女の子のように見えますが、はっきりわかりません。短い髪に横ジマのシャツを着た10代前半の子どもが、ひとりだけ立っています。次に30代前後にみえる若者。一番右側が中年の男性です。テーブルの上には飲み物のビンやグラスがのっています。　　説明おわり

【ここでのポイント】

これは1991年に読んだ本の写真説明です。この時にはもう「性別がわからない」と伝えています。時代が変化しても基本は同じです。「見ため」を伝える、わからない時は「わからない」と言いましょう。

:10 「わかりにくい伝え方」に気づくことからスタート

新聞小説を読んでいるグループの方たちから、こんな話を聞きました。

挿絵が抽象画で、毎日変化するため説明の仕様がなく、利用者の方たちに「これこれの事情で、今回は挿絵説明は省略します」と伝えたところ、利用者の方から「スッキリして聴きやすくなった」と言われたそうです。

「毎回、苦労して説明していたのに…」と音訳者のみなさんはガッカリしたとのこと。

笑い話のようですが、これが現実かもしれません。写真はともかく、図形の説明を聴いてくださる方はほんとうに少数だと思います。けれども以下に紹介する「利用者からの手紙」でご覧いただけるように、図を必要とし、しっかり頭の中で作図し、理解できたことを喜んでくださる利用者もおられます。

特に蔵書製作の場合には、たとえ少数でも図の説明を必要としている方たちのためにも、そして著作権者のためにも、すべての「視覚的な資料」をお伝えすることが音訳者の役目であると思います。

どんな事例にも「正解」はありません。「わかりにくい伝え方」に気づくことからスタートしましょう。

利用者からの手紙

視覚障害者サービス担当者様

いつもありがとうございます。感謝を伝えてほしいです。
『払いと穢れの構造』（実際の書名は『ハライとケガレの構造』）は、
近頃になく、難解です。分からないところがたくさんあります。
けれど、朗読の方が英知を働かせてくださり、
「私の目に見えるように」、平易な言葉を使って解説してくださいました。
これを点字ノートとして書き取りました。それは、この本の骨格を図示したものです。
この方が朗読してくださったおかげで本書の要点をつかめたと思います。
この朗読者さんへ、直接「感謝の意」を伝えてほしいです。
お手を煩わせます。
ありがとうございます。

第2章
具体的な資料に基づく伝え方事例

第2章
具体的な資料に基づく伝え方事例

2-1 グラフ

①円グラフ

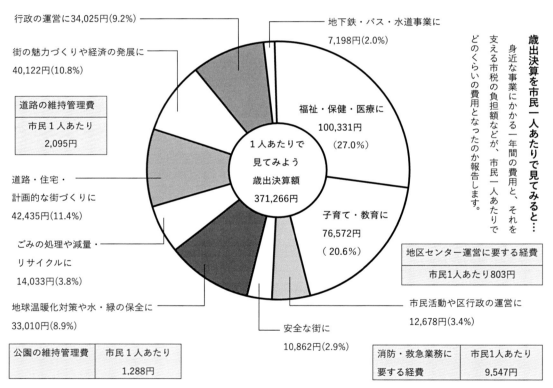

＊23年4月1日現在＝368万7,311人で算出

− 28 −

【音訳見本例】

「歳出決算を市民一人あたりで見てみると…」

説明

二重の同心円の円グラフです。

内側の円に「1人当たりで見てみよう　歳出決算額　371,266円」

外側の円がその内訳で、金額とパーセンテージが書かれています。

4つの項目についてはグラフ外に市民一人あたりの費用が添え書きされています。

12時の位置から時計回りに読みます。

福祉・保険・医療に　100,331円（27.0%）

子育て・教育に　76,572円（20.6%）

市民活動や区行政の運営に　12,678円（3.4%）
　　添え書き「地区センター運営に要する経費：市民1人当たり803円」

グラフに戻って

安全な街に　10862円（2.9%）
　　添え書き「消防・救急業務に要する経費：市民1人当たり9.547円」

グラフに戻って

地球温暖化対策や水・緑の保全に　33,010円（8.9%）
　　添え書き「公園の維持管理費：市民1人当たり1,288円」

グラフに戻って

（以下同様）
　　⋮

グラフおわり。

【音訳のポイント】

「グラフに戻って」を忘れないでください。

②折れ線グラフと棒グラフの複合

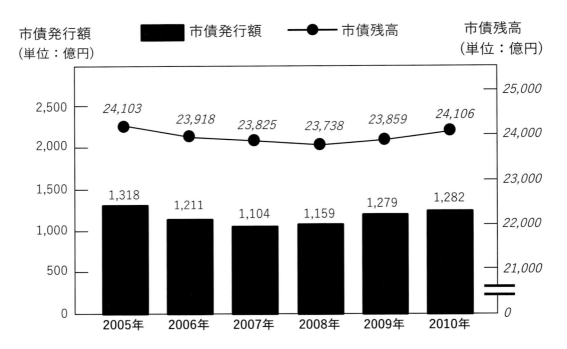

【音訳見本例】

「市債発行額および市債残高の推移」

説明
市債発行額を棒グラフで、市債残高を折れ線グラフで表しています。
左たて軸は市債発行額で、単位は億円。下から0、500億円、1000億と500億円きざみで2500億円まで。
右たて軸は市債残高で、単位は億円。下から０、省略の二重線が入って、その上が２兆1000億円。上へ1,000億円きざみで２兆5,000億円まで。
横軸は共通で年度。左から2005年、2006年と順に2010年度まで。

棒グラフ、線グラフともに2007年度、2008年度が落ちこんでいます。
市債発行額から数字を読んでいきます。

2005年度：1,318億円　以下、年度省略
2006：1,211億円　2007：最低値1,104億円…

線グラフは2005年度2兆4103億からはじまり、少しずつ右下がりに下がります。
2006年度：2兆3918億　以下年度省略　　2007：2兆3825億
2008：最低値2兆3738億円。　ここから少しずつ上昇。
2009：2兆3859億　　　2010：2兆4106億円で終わっています。
グラフおわり。

【音訳のポイント】

●本文から「年度」であることがわかる場合は「年度」として可。
●縦軸・横軸のメモリが一定の場合は、途中省略して可。
●横軸のメモリが「左から」であること、縦軸のメモリが「下から」であることを必ず伝えること。(逆の場合は「左から」「上から」)
●棒グラフの場合、省略の二重線が波形で、グラフ全体に使われます。

③帯グラフ

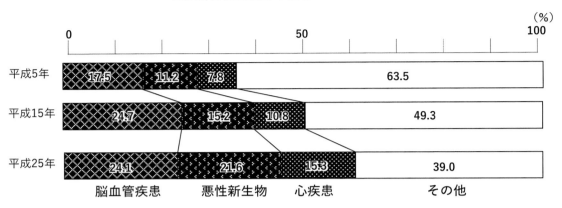

【音訳見本例】

「成人病死亡割合の推移」

説明

上から　平成5年、平成15年、平成25年の3本の帯グラフです。

それぞれ左から「脳血管疾患」「悪性新生物」「心疾患」「その他」の4項目
の死亡率があらわされています。最上段に　左から10%きざみで「0」から
「100%」までの目盛り。

死亡率の順位は変わりませんが、年を追うごとに3種の成人病の死亡率が
あがり、「その他」が減っています。

平成5年から読みます。

　　　　脳血管疾患　17.5%　　　以下「パーセント」省略
　　　　悪性新生物　11.2
　　　　心疾患　　　7.8
　　　　その他　　　63.5

平成15年　項目は省略

　　　　24.7、　15.2、　10.8、　49.3

平成25年

　　　　24.1、　21.6、　15.3、　39.0

グラフおわり。

【音訳のポイント】

●帯グラフは、各項目のパーセンテージを示すグラフです。
　各項目を年の順に縦につないで読んでしまうと、帯グラフとしての意味が
　失われてしまいます。

●はじめにグラフの全体像を伝えていることに注目してください。利用者の
　中には、全体像だけを聴いて「あと細かい数字は必要ない」という方もお
　られます。そういう方たちのためにもはじめに全体像を伝えましょう。

④バタフライ・チャート

2つの系列を左右に並べて横棒グラフで示したもの

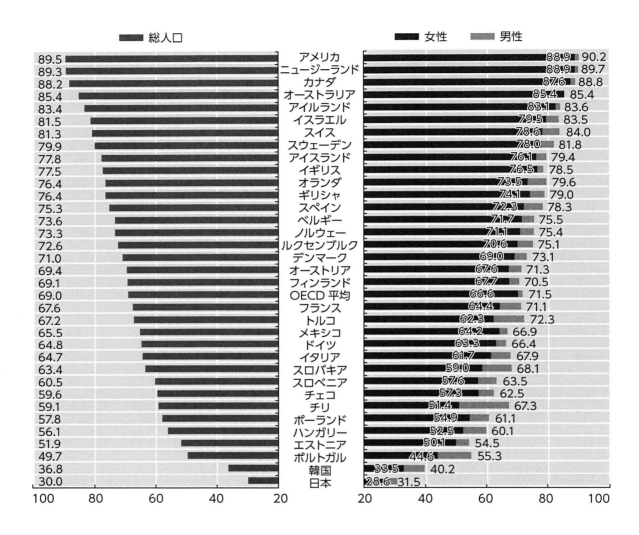

図5-1　自分は健康であると感じる人の割合の国際比較
（注）15歳以上人口に占める割合　（出所）OECD　2013より作成

【音訳見本例】

説明

左右両側に伸びていく水平棒グラフです。

中央に国名。上から健康であると感じる人の多い順に34か国プラスOECD平均値。

国名の左右に棒が伸び、左右の図を合わせてみると、上が広く下が狭い釣り鐘を逆さにしたような形になっています。

むかって左のグラフは、総人口に占める割合。

右のグラフは1本の棒で、男性、女性の割合があらわされています。

最下段に　それぞれのパーセンテージを示す目盛り。左右とも中央から外側へ向かって　20、40、と20%きざみで100%まで。

健康であると感じる人の割合が一番多いのはアメリカで、総人口の89.5%が健康であると感じています。女性は88.9%、男性は90.2%となっています。

日本は最下位です。

2位以下は数値は省略し、国名のみ読みます。

ニュージーランド、カナダ、オーストラリア、……フィンランド、

20位がOECD平均で69.0%。　女性は66.6%、男性は71.5%です。

OECD平均から下へ、フランス、トルコ……韓国、最下位が日本。

総人口で30.0%、女性28.6%、男性31.5%となっています。

図　おわり

【音訳のポイント】

　このグラフには数値がすべて表記されていますが、大事なことは「日本人はいかに自分の健康に不安を感じているか」を視覚で認識してもらうことです。

　図では日本が最下位であることが一目でわかります。著者がこの図を掲載したことの意図は、ここにあると思われます。

　また、晴眼者がこのグラフを見る場合を考えてみても、すべての国のパーセンテージを読む人はほとんどいないと言っていいでしょう。

　以上の2点から数値は省略しました。

2-2 表

①表組み　タイプ１

全体の約48%を占めている福祉・保健・医療、子育て・教育

主な関係事業の対象者１人あたりの費用の状況

区　　分	対象者1人あたり年間費用（円）	財源（円）			対象人数（人）
		市　　税	国・県費	保険料や自己負担など	
国民健康保険に加入している人（一般給付費分）	222,656	19,611	55,153	保険料 65,796 交付金 82,096	900,193
生活保護(生活扶助)を受けている人	700,558	175,140	525,418	0	58,053
保育所を利用している人	1,469,842	951,139	229,057	289,646	39,316
小児医療費助成を受けている人	34,715	27,395	7,320	0	184,327

【音訳見本例】

説明

縦の区分は4項目。

上から　「国民健康保険に加入している人（一般給付費分）」

「生活保護（生活扶助）を受けている人」　　「保育所を利用している人」

「小児医療費助成を受けている人」

横の区分は3項目。ただし第2項目の財源はさらに3項目に分かれています。

左から　「対象者1人あたり年間費用(円)」「財源（円）」

3つに分かれ左から「市税」「国・県費」「保険料や自己負担など」

大きい項目にもどって3項目「対象人数(人)」

縦の項目順に、横へ読んでいきます。

「国民健康保険に加入している人（一般給付費分）」

対象者1人あたり年間費用　222,656円

財源のうち　市税　19,611円

　　　　　　　国・県費　　55,153円

　　　　　　　保険料や自己負担など　　保険料65,796円、交付金82,096円

大項目にもどって　　対象人数　900,193人

以下、横の項目は省略。

「生活保護を受けている人」　700,558円／175,140円／525,418円／0円／58,053円

「保育所を利用している人」　1,469,842円……（以下同）

説明おわり。

【音訳のポイント】

●初期には、表とグラフに関しては音訳者が「説明する」のではなく、記載事項を「読み上げる」作業なので「説明」という言葉は不要と言われてきました。しかし最近は、表・グラフにも「説明」が使われることが多いようです。

●単位を表す（円）や（人）のカッコは読まなくて可。

●縦の項目の「読み」に注意。各段の間に「マ」をしっかりとること。

②表組み　タイプ2

暮らしの変遷

	1972年	現在
人口	96万人	140万人（2011年）
労働力（失業率）	37.5万人（3.0％）	66.6万人(7.1%) 2011年
県内総生産	4592億円	3兆7211億円　2009年
農業や漁業	7.3％	1.8％
建設や製造業	27.9％	12.9％
小売やホテル、情報通信	67.3％	88.8％
サトウキビ生産量	141万3585トン 1972～73年期	82万403トン 2010～11年期
所得　　1人当たり県民所得	44万円	209.3万円
不発弾処理件数	3万2546件（1852トン）1972～2010年度	

【音訳見本例】

説明

タテの項目は６項目。上から、 人口、労働力(失業率)、県内総生産。県内総生産は内訳が３項目あります。上から、農業や漁業、建設や製造業、小売りやホテル　情報通信。

大項目にもどって、サトウキビ生産量、 所得　１人当たり県民所得、 不発弾処理件数。

タテの項目おわり。

（以下略）

【音訳のポイント】

　項目を伝えることは、どんな内容の表なのかを伝えることです。それがわかれば「細かい数字は必要ない」という聴き手も多いのです。「タテの項目は６項目」だけでは内容が具体的に伝わりませんから、必要なくても最後まで聴くことになってしまいます。

　また、この表の項目を読む際には、読みの技術を使ってください。どこで次の項目に移ったかを「次」とか「二段目」とか加えずに、読みだけで伝えられるようにしましょう。特に「県内総生産」の内訳の「小売やホテル　情報通信」が別項目にならないよう注意が必要です。

③年表（早見表）

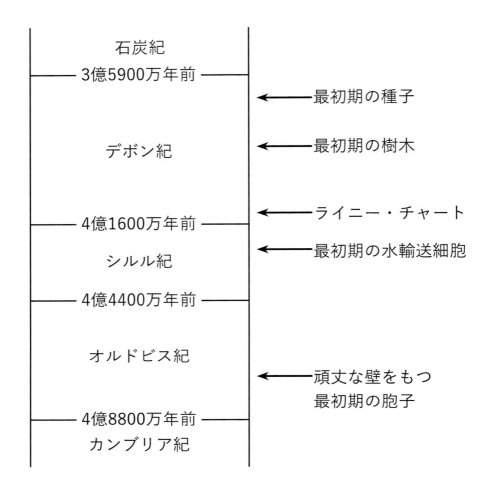

5億年前から3億年前ごろの陸上植物の進化史を知るための早見表

【音訳見本例】

XXXページ　表

　５億年前から３億年前ごろの陸上植物の進化史を知るための早見表。

説明

左側に巾ひろの縦長長方形の年表。

一番下のカンブリア紀から４本の横線で５つの紀に区切られています。そして、この年表に右から５本の矢印が入ってきています。この矢印は、対応する年代にどのような植物の進化があったかを示しています。

一番下のカンブリア紀から読みます。

カンブリア紀の上は、「４億8800万年前」の横線で区切られてオルドビス紀。

オルドビス紀の下から3/1くらいあがった所に右から矢印。「頑丈な壁を持つ最初期の胞子」と書かれています。

<u>年表に戻って</u>オルドビス紀の上は、４億4400万年前の線で区切られてシルル紀。

シルル紀の上から3/1くらいさがった所に右から矢印「最初期の水輸送細胞」

<u>年表に戻って</u>シルル紀の上は４億1600万年前の線で区切られてデボン紀。

デボン紀が始まってすぐの所に右から矢印「ライニー・チャート」

デボン紀の中間あたりに右から矢印「最初期の樹木」

デボン紀の終了する線から、少しさがった所に右から矢印「最初期の種子」

デボン紀の上は３億5900万年前の横線で区切って、石炭紀で終わっています。

説明おわり。

【音訳のポイント】

　「年表に戻って」を２回、伝えていることに注意してください。２回伝えることで、利用者の方にこの表のパターンが理解していただけると思います。

④比較表

Ⅲ　近隣都県との比較

項　　目	奉仕人口（人）	職員数（人）	職員1人あたりの奉仕人口（人）	経常費総額（千円）	人件費／経常費総額（%）
	東京都　11,573,029	東京都　212	埼玉県　43,788		
	神奈川県　8,103,918	埼玉県　151	東京都　54,590	東京都　3,630,016	埼玉県　71.40
平均(4都県)	8,001,656	134	67,290	1,739,965	54.39
	埼玉県　6,611,935	神奈川県　118	神奈川県　68,677	神奈川県　1,394,768	神奈川県　51.32
	千葉県　5,717,741	千葉県56　┌中央図　37 └西部図　19	千葉県　102,103	埼玉県　1,097,710	東京都　48.42
				千葉県　837,365	千葉県　46.43

【音訳見本例】

「Ⅲ　近隣都県との比較」

説明

横長の表です。５つの項目について、東京都と、千葉、埼玉、神奈川の３県の数値を比較した変形の表です。なお、千葉県はすべての項目で最下段に位置しています。

横の項目は左から、奉仕人口（人）、職員数（人）、職員１人あたりの奉仕人口（人）、経常費総額（千円）、人件費／経常費総額（％）の５項目です。

横の項目のすぐ下に４都県の平均値が書かれています。そして各項目の平均値を上回る都県は項目と平均値の上段に、下回る都県は平均値の下段に書かれています。そのため変形した表となっています。

各項目、まず平均値を読み、平均値より上の都県、次に平均値より下の都県の順に読んでいきます。

左から、奉仕人口　平均8,001,656人

上へ神奈川県　8,103,918人、さらに上へ東京都11,573,029人

平均値へもどって下へ埼玉県6,611,935人、さらに下へ千葉県5,717,741人

職員数　平均134人　上へ埼玉県151人、上へ東京都212人

平均値にもどって下へ神奈川県118人、下へ千葉県56人（うち中央図書館37人西部図書館19人）

職員1人あたりの奉仕人口平均値67,290人　上へ東京都54,590人、上へ埼玉県43,788人、

平均値にもどって下へ神奈川県68,677人、下へ千葉県102,103人。なお、この項目のみ平均値を下回る都県が上にきています。

経常費総額　平均値1,739,965,000円、上へ東京都3,630,016,000円

平均値にもどって下へ神奈川県1,394,768,000円、下へ埼玉県1,097,710,000円

下へ千葉県837,365,000円

人件費／経常費総額（％）　平均値54.39％、上へ埼玉県71.40％

平均値にもどって下へ　神奈川県51.32％、下へ東京都48.42％、下へ千葉県46.43％。

表　おわり

【音訳のポイント】

　「職員1人あたりの奉仕人口」については、平均値を下回ることがサービスの質がいいことになるので、他の項目とは違い数値の少ない県が上にきています。けれども事実の説明だけにとどめて、その理由を説明していない点に注目してください。

　音訳者の仕事は「目のかわり」をすることで、理由を教えることではありません。

2-3 地図

①引き出し線のある地図1

紅い貴族たちの「権力の牙城」

北戴河(河北省)
毎年夏に、歴代の高官らが非公式会議(北戴河会議)のために集まる避暑地。

大連市(遼寧省)
市長に就いた薄熙来が「北方の香港にする」というかけ声のもと大開発。

チベット自治区
チベット族が独立を求め、騒乱が頻発。自治区書記だった胡錦濤が騒乱鎮圧を評価されて、出世街道を進む。

北京市
中国政治の中枢。政治局常務委員など最高幹部の執務室や居宅が置かれた「中南海」がある。

四川省
四川省党委書記などを務めた周永康の権力地盤。

重慶市
重慶市党委書記として薄熙来がマフィア撲滅運動を展開。

河南省
李克強が全国最年少43歳で省長に就任。人民解放軍幹部・谷俊山の大邸宅「将軍府」もこの地に。

上海市
過去、上海市長・上海市党委書記などを歴任した江沢民の権力地盤。

陝西省（せんせいしょう）
習近平は16歳の時、文革の下放政策によって、同省の農村に送られた。洞穴式住居で6年間を過ごす。

― 44 ―

【音訳見本例】

説明

横長の中国全図です。

右端が海で、朝鮮半島も見えます。

上空から撮影した衛星写真のように、陸地の高低がわかる立体的な地図です。

上方に黄河、中央に長江の流れが大陸を横切ってのびています。

九つの市や省の位置が示され、そこで誰が何をしたかが四角いワクの中に書かれています。

右上の海沿いのほうから読みます。

大連市（遼寧省）市長についた薄熙来が「北の香港にする」というかけ声のもと大開発

→　左へ：北戴河（略）　→　左へ：北京市（略）

下へ下がって、長江沿いに海側から内陸へ：

上海市　→　河南省　→　陝西省　→　重慶市　→　四川省

一番奥地がチベット自治区(略)

以上九つの地区の他に、南京、香港、ラサの位置が丸印で示されています。

地図　おわり

【音訳のポイント】

　この地図の場合は、位置関係よりも「〈だれが〉〈どこで〉〈なにを〉したか」が重要です。

②引き出し線のある地図２

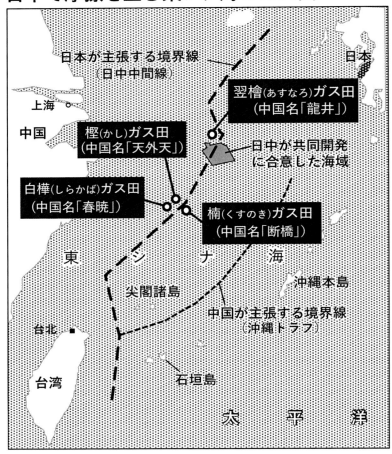

日中で摩擦を生む東シナ海のガス田

【音訳見本例】

説明

縦長の地図。

右上の角に九州の一部が示されています。少し下がって沖縄本島、さらにずっと左下へ下がって石垣島。

地図左端に中国大陸の東側が右に張り出した弧を描くように少し見えています。上の方に「上海」と書かれた小さな丸印。中国から下へ下がって、地図の左下端に台湾。台北の位置が上の方に小さな四角で記されています。

台湾のほぼ右横に石垣島。石垣島からは沖縄本島や九州は遠く、台湾の方が近くに位置しています。（石垣島の少し上方に尖閣諸島）

中国と日本の間の海は、上の方が東シナ海、下の方が太平洋。この海を縦に二分するように黒い破線が２本引かれています。１本は「日本が主張する境界線（日中中間線）」で、上の方、日本に寄ったところから左下へ斜めに走り、途中２ヶ所で「く」の字状に曲がりながら、台湾の右側へ下りて終わっています。

この線上にガス田が４ヶ所。
上から「翌檜ガス田」。このすぐ下に「日中が共同開発に合意した海域」の四角い囲みがあります。
この日中中間線を少し下がって残りの３つのガス田、「樫ガス田」「楠ガス田」「白樺ガス田」がかたまっています。

次にもう１本の「中国が主張する境界線（沖縄トラフ）」があり、この線は「日本が主張する境界線」よりずっと日本寄りを走っています。地図上では右の方、沖縄本島の左側から左斜め下へ向かって走り、尖閣諸島と石垣島の間を抜けて台湾の右側で「日中中間線」に合流しています。
そのため、ガス田はすべて中国の領域に入ってしまいます。

【音訳のポイント】

　　この地図の場合は位置関係が非常に重要です。ただし、破線の曲がっている場所まで特定することは難しいですし、その必要もありません。
　　大事なことは、日中両国が主張する境界線の違いと、ガス田の位置を伝えることです。

③引き出し線のある地図３

過去に起きた主なテロの現場

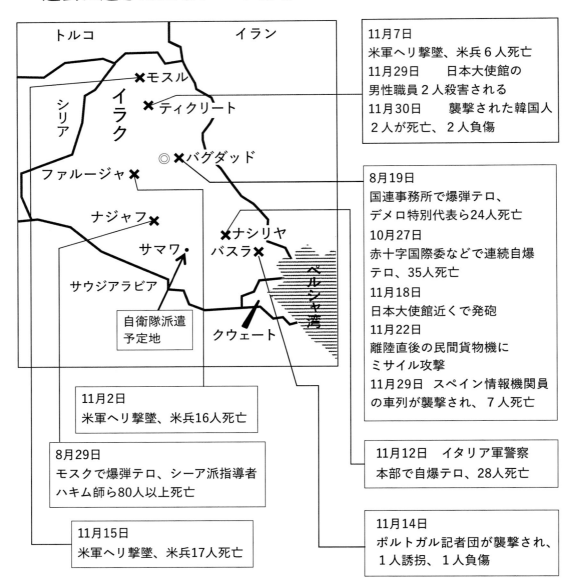

【音訳見本例】

XXXページ　地図「過去に起きた主なテロの現場」

説明
イラクを中心とした地図です。
イラクを取り囲んで、右上から時計回りに、右上に大きくイラン、右下に小さくペルシャ湾。
イラクとペルシャ湾に挟まれるように小さくクウェート。
ペルシャ湾岸から画面左下にかけて大きくサウジアラビア。画面左上にシリア。さらに上にトルコ。トルコは画面右上のイランと国境を接しています。
地図にはイラク国内で主なテロの起きた都市7ヵ所の位置と、その日付、被害状況が記されています。尚その他に、自衛隊派遣予定地のサマワが、下の方のサウジアラビア寄りに示されています。
地図の上の方の都市から下の方へ、都市名と日付、被害状況を読んでいきます。
（以下、モスル、ティクリート、イラン寄りのバグダッド、中心部ファルージャ、ナジャフ～の順で）
説明おわり。

【音訳のポイント】

イラクを囲む国々の位置関係については、本の内容によって省略しても可。

④移動の様子を示す地図

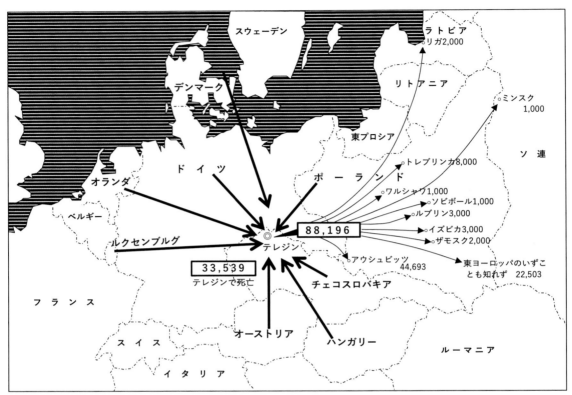

ヨーロッパ各地からテレジンへ、そしてテレジンから"東へ"と、人々は送られて行った。

【音訳見本例】

XXXページ　地図
「ヨーロッパ各地からテレジンへ、そしてテレジンから"東"へと、人びとは送られて行った。」

説明
チェコスロバキアのテレジンを中心に、ソ連の一部を含むヨーロッパの地図です。
ドイツ、デンマーク、オランダ、ルクセンブルグ、オーストリア、ハンガリー、ポーランドの各国、そしてチェコスロバキア国内から太い矢印がテレジンへ集まっています。
テレジンのわきに「テレジンで死亡　33,539」と書かれています。
そしてテレジンから東へ、地図上では右半分の国々へ向かって細い矢印が何本も出て、矢印の先にそこへ運ばれた人の数が書かれています。総数は88,196。
そのうちいちばん多くの人が送られたのがポーランドのアウシュビッツで44,693。
次に多いのが「東ヨーロッパのいずことも知れず」で、22,503。
そのほか、ポーランドのトレブリンカへ8,000。ルブリン、イズビカへそれぞれ3,000などとなっています。
<u>2,000人、1,000人が送られた地名については省略します。</u>
地図おわり

【音訳のポイント】

歴史書や専門書の場合は、アンダーラインの部分もすべて伝えること。

⑤路線図

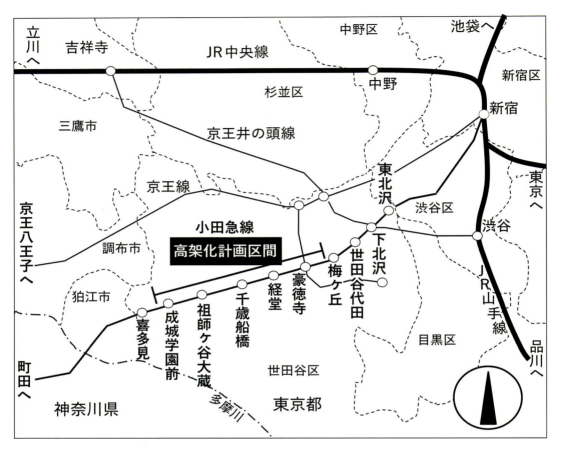

小田急線高架化計画　路線図

【音訳見本例】

XXページ　「小田急線高架化計画」路線図

説明

小田急線高架化計画区間を示した地図で、上が北です。

図の右端に、上から下へ　左の方へややふくらんだ弧を描いてJR山手線が走っています。山手線の上の端に「池袋へ」と書かれ、少し下がったところに「新宿」、さらに下がって「渋谷」、下の端に「品川へ」とあります。

新宿から三本の路線が図を横切って左端に向かって伸びています。一番左下へ向かって斜めに走っているのが小田急線。

駅名は新宿寄りから、東北沢、下北沢、世田谷代田、梅ヶ丘、豪徳寺、経堂、千歳船橋、祖師ヶ谷大蔵、成城学園前、喜多見まで。左端に「町田へ」とあります。

高架計画区間は、梅ヶ丘と豪徳寺の間から成城学園前と喜多見の間までです。

説明おわり。

【音訳のポイント】

● 大事なことは小田急線高架化計画区間がどこか。描かれていることをすべて伝える必要はありません。
● 蔵書の場合は、JR中央線、京王井の頭線等についても省略した部分を伝えること。

⑥推移を表す地図

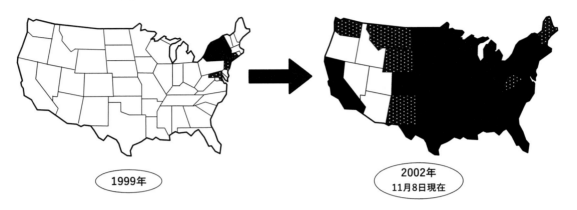

「米国ではわずか4年で　ほぼ全域にひろがった」

1999年　→　2002年 11月8日現在

▦ 鳥、蚊、哺乳動物のウイルス感染が確認された州
■ 西ナイル熱／脳炎患者の発生した州

【音訳見本例】

XXX、XXYページ　地図「米国ではわずか4年でほぼ全域に広がった」

説明
アメリカ合衆国の地図です。
鳥、蚊、哺乳動物のウィルス感染が確認された州を薄いグレイで、(「マ」をとる) 西ナイル熱／脳炎患者の発生した州を濃いグレイで塗り分けて示しています。
地図は左右2枚あり、向かって左が1999年、右が2002年11月8日現在の状態です。両者の間に太い右向き矢印があります。
左の地図では、濃いグレイは地図の右上方、カナダに接した1州のみ。薄いグレイはやはり地図の右上方、東海岸沿岸の3州で、他の州は白いままです。
右の図では、地図の左端、西海岸よりの5州だけが白いままで、他の州はすべて色が塗られています。特に図の右半分、中部から東の州は、ほとんどが濃いグレイです。
説明おわり。

【音訳のポイント】

●州まで調べて告げる必要はありません。パッと目で見た印象を伝えるほうが効果的です。
　ただし、衛生学や医学書では州名が必要になることもあるでしょう。
●病名は一度で可。あとは色別で伝えるほうがスッキリします。

⑦ネットワークを表す地図

河北新報社のネットワーク

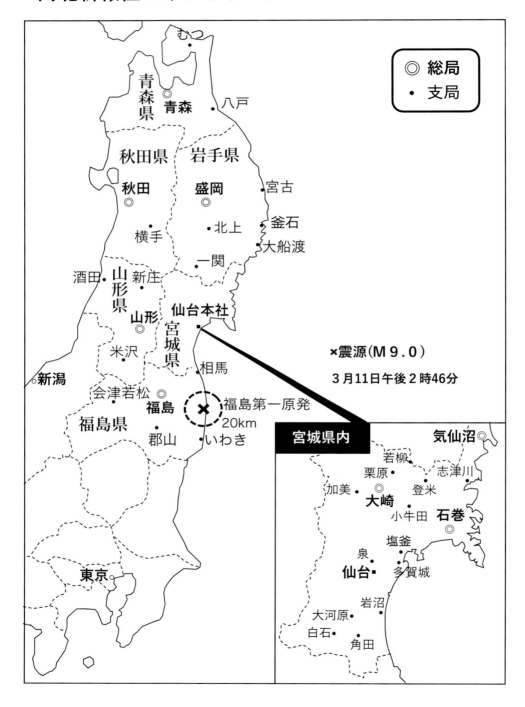

【音訳見本例】

Xページ　地図　「河北新報社のネットワーク」

説明
関東地方から北の地域の地図です。東北6県の県名と総局・支局の場所が示されています。
福島県から太平洋側を上に読んでいきます。
福島県には、福島総局と郡山、会津若松、いわき、相馬支局。いわきと相馬の中間の海辺に福島第一原発がバツ印で示されています。そのまわり20キロメートル圏内を円で囲んであります。
宮城県には仙台本社。そして宮城県内は右下に圏内の拡大図があります。拡大図については最後に説明します。
岩手県には盛岡総局、一関、北上、大船渡、釜石、宮古支局。
青森県には青森総局と八戸、むつの各支局。
日本海側を下へ降り、秋田県には秋田総局と横手支局。そして山形県内には山形総局と米沢、酒田、新庄支局となっています。　そのほか、東京と新潟に丸印。
また宮城県沖に震源がバツ印で示され、「M9.0　3月11日午後2時46分」と書かれています。

次に宮城県内の拡大図です。
仙台本社のほか、石巻、大崎、気仙沼に総局。支局は福島寄り、下のほうから白石、角田、大河原、岩沼、泉、多賀城、塩釜、小牛田、加美、栗原、登米、若柳、志津川となっています。

説明おわり。

【音訳のポイント】

　地図の一地点の拡大図が描かれている場合、通常は全体図を説明してから、拡大図に移ります。
　原本の内容から拡大図を先に説明するケースもありますが、その場合も全体図を簡単に説明してからにしましょう。

⑧分布を表す地図

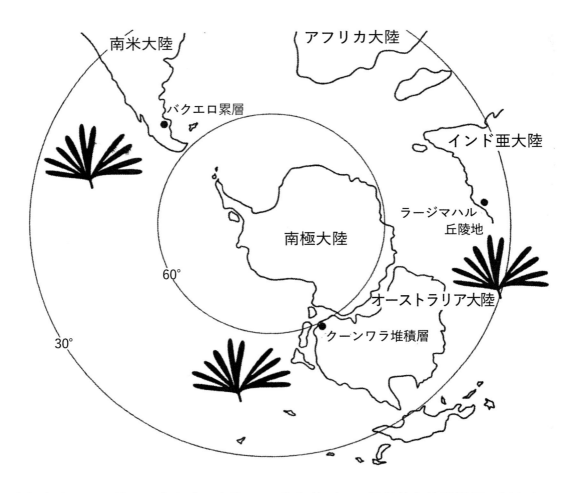

南極大陸から分離した南半球の大陸の、1億年前ごろの相対的な位置関係。似たようなイチョウ様の化石葉が、南米、インド、オーストラリアで発見されている。

【音訳見本例】

XXXページ　地図

南極大陸から分離した南半球の大陸の、１億年前ごろの相対的な位置関係。似たようなイチョウ様の化石葉が、南米、インド、オーストラリアで発見されている。

説明

南極大陸を中心とした地図です。

イチョウ様の化石葉が出た地点が３ヵ所黒丸印で記され、それぞれの傍に深い切れこみの入った葉のイラストが描かれています。

南極大陸を中心にして二重の同心円があります。内側の円に60度、外側の円に30度と書かれています。

南極大陸を中心にした時計の位置で読んでいきます。

南極大陸のすぐ下、４時〜５時の所で、60度と30度の線の間にオーストラリア大陸。この60度線近くの海岸沿いに黒丸。クーンワラ堆積層です。

次に南極大陸から少し離れた2時から3時の位置にインド亜大陸の一部。その３時に近い海岸沿いに黒丸。ラージマハル丘陵地。

南極大陸から見て12時から１時の位置にアフリカ大陸の一部。11時の位置に南米大陸の先端。その細くなった60度線に近い先の方に黒丸。バクエロ累層があります。

説明おわり。

【音訳のポイント】

　60°、30°は「緯度」と思われますが、原本に記載がありませんので、そのまま数字のみ読んでいます。

⑨航路図

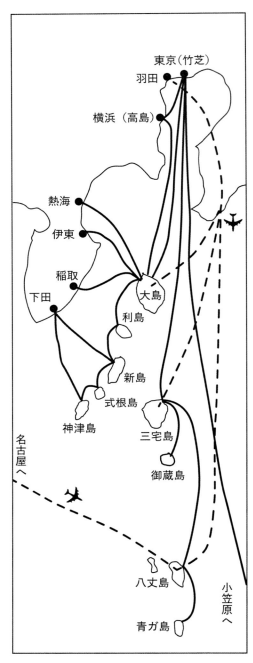

伊豆七島全図

【音訳見本例】

Xページ　地図　伊豆七島全図
説明
縦長の地図です。
上の方に千葉、東京、神奈川から伊豆半島におよぶ海岸線が、右上から斜めに描かれています。
飛行機や船の発着地点7か所が黒丸で表されています。
上から　東京（竹芝）、羽田、横浜（高島）、熱海、伊東、稲取、下田です。
地図中央から下へむかって、伊豆七島と八丈島、青ヶ島の位置がかかれています。
上から　大島、利島、新島、式根島、神津島、神津島から少し右に離れて並ぶ位置に三宅島。三宅島から下へ御蔵島、さらに下へ八丈島、青ヶ島です。
本州の7カ所と、これらの島々をつなぐ飛行機の航路が破線で、船の航路が実線で表されています。
船の航路は島と島の間も結んでいます。
八丈島からは「名古屋へ」と書かれた破線が1本。
飛行機の航路は羽田と大島、三宅島、八丈島へと結んでいます。
また竹芝からは、地図上に島は描かれていませんが「小笠原へ」と書かれた実線が1本でています。
地図おわり。

【音訳のポイント】

　観光案内図の場合は、各航路の発着点の説明が必要になりますが、この地図は江戸時代に島流しにされた女性の足跡を検証する本に掲載されたものです。著者が乗船した際の、船中の様子や海の状況を説明している部分に掲載されていますので、この説明文で十分だと思われます。

⑩観光案内地図

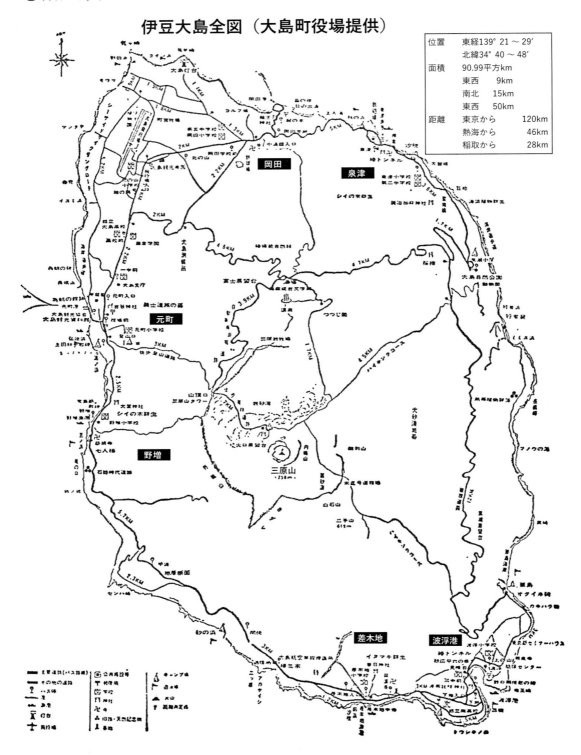
伊豆大島全図（大島町役場提供）

【音訳見本例】

XXページ　地図　　　伊豆大島全図（大島町役場提供）

説明

上が北の地図です。

地図右上に大島の位置と面積、他都市からの距離が書かれている表がありますので、これを先に読みます。

　　　　位置　　　東経139°21〜29′
　　　　　　　　　北緯34°40〜48′
　　　　面積　　　90.99平方km

上と下がつぼまった縦長のアーモンド型の島です。

島のほぼ中央に三原山。やや大きい文字で主要な地名6ヵ処、小さな字と記号でキャンプ場、バス停などが書かれています。島を海岸線に沿って一周する形で主要な地名のみ読んでいきます。

島の下の端に左右並んで2つの地名。むかって右、波浮港。左に差木地。差木地から島の左側（西側）の海岸線を上へあがって中間点に野増。野増からさらに上へ元町、あがって島の上の端に2つの地名。むかって左に岡田、右に泉津。

泉津から島の右の海岸線（東側）には大きい地名はなく、そのまま下ってスタート地点の波浮港へもどります。

その他の地名や記号については省略いたします。

説明おわり。

【音訳のポイント】

　観光のためのガイドブックに掲載されている場合は、さらに詳しくキャンプ場やバス停などを伝える必要があります。

⑪小説の舞台となった場所を示す地図

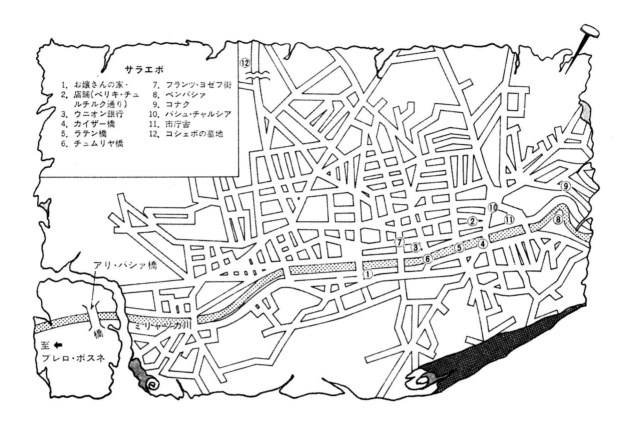

【音訳見本例】

Xページ　地図　サラエボ
説明
横長の地図です。
古い地図が画ビョウでとめられているように描かれています。地図の周囲は
ビリビリで、左右の下の端はくるくるめくれあがっています。
左上に①から⑫まで、番号で地図上に表された地点の地名が書かれています
ので、その地名から読みます。

①お嬢さんの家
②店舗（ベリキ・チュルチルク通り）
　　　　　　：
　　　　　　：
　　　　　　：
⑫コシェボの墓地

地図の中段よりやや下の方を、右端から左下へ向かって横断するようにミ
リャツカ川が流れています。この川の周囲に①から⑪までの番号の地点が点
在しています。なお⑫のコシェボの墓地は川から離れた地図の最上段、やや
左よりにあります。
また川の左端には左向き矢印があり「至ブレロ・ボスネ」と書かれています。
この、地図左下の部分は破れた切れはしを追加して置いたように描かれてお
り、ミリャツカ川にはアリ・パシア橋がかかっています。
説明おわり。

【音訳のポイント】

　音訳者の眼で見る前に、まず「読者の眼」で見てみましょう。地図上の地
点や地形よりも、下線の部分に眼をひかれるのではないでしょうか。小説の
舞台となった場所を示す地図が、口絵として使われている場合は、小説を読
む前に見ているのですから「読者の眼」で見ることも大事です。

－65－

⑫都市集成図

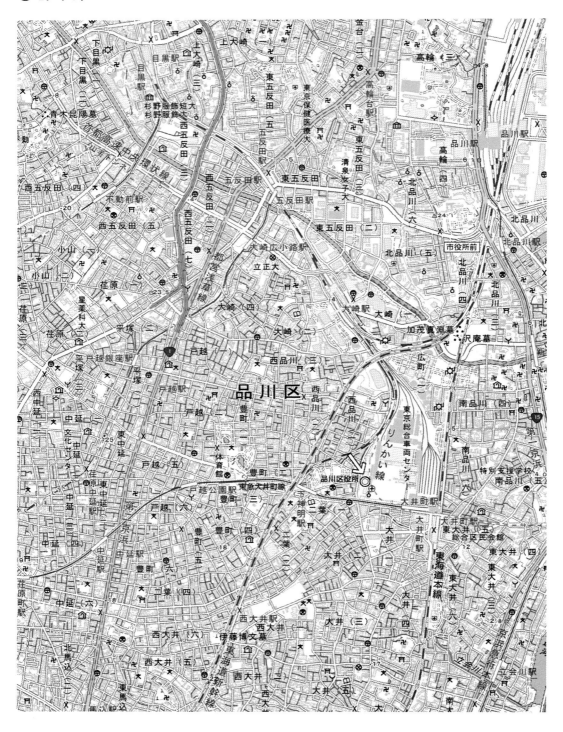

【音訳見本例】

XXページ　品川区

説明
品川区を中心にした図です。
右上に港区、左上に目黒区、左下に大田区が見えています。
タテ、ヨコに入り乱れて鉄道、道路が走っています。
地図右端をタテに、京浜急行本線、東海道本線が並んで走っています。
両線の（マ）上から少しおりた所に品川駅。品川駅から少し下がった京急北品川駅近くに「市役所前」と表示。
さらにここから東海道本線沿いに下へおりると、地図の下から１／３くらいの所で東急大井町線と交差します。この大井町線、大井町駅近くに矢印のついた黒丸があり、「品川区役所」と書かれています。
その他の細かい地名、建物名については省略します。
説明おわり。

【音訳のポイント】

　品川駅を起点に説明したほうがわかりやすいので、説明内容は地図の上から下へ流れるようにしました。

⑬名所巡り地図

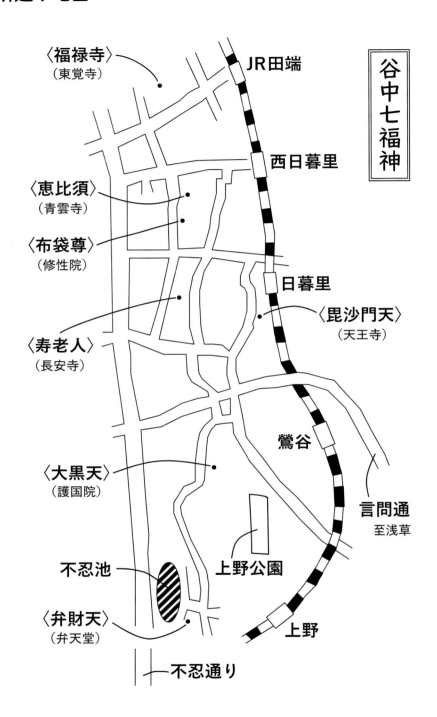

- 68 -

【音訳見本例】

XXXページ　地図　谷中七福神

説明
手描き風のイラストマップです。図の右端を縦に走っているのがＪＲ。
駅名は下から　上野、鴬谷、日暮里、西日暮里、田端。
図の左端を縦に走っているのが不忍通り。ＪＲと不忍通りの間に七福神が点在しています。
下から、上野駅近くに弁財天（弁天堂）、不忍池と上野公園を過ぎて大黒天（護国院）、言問通りを渡り、日暮里駅近くに毘沙門天（天王寺）、寿老人（長安寺）、西日暮里駅近くに布袋尊（修性院）、恵比須（青雲寺）、田端駅近くに福禄寿（東覚寺）となっています。　（217字）
説明おわり。

【音訳のポイント】

● 地図の下ほうから説明しているのは、原本の文章に揃えています。
● 説明文を少しでも簡潔にするために、文末の「～です」「～ます」を省略して体言止めにしていることに注目してください。

2-4 流れ図（フローチャート）

①流れ図（フローチャート）1

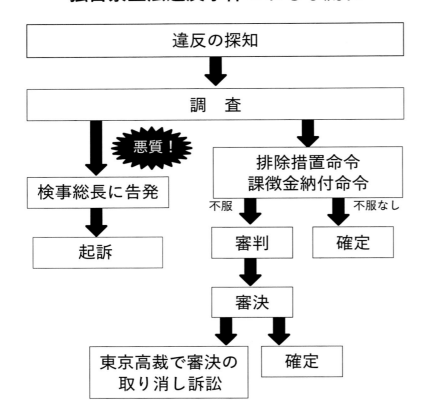

独占禁止法違反事件のおもな流れ

【音訳見本例】

図　独占禁止法違反事件の主な流れ
説明
「違反の探知」から様々な経過を経て、「起訴」や「確定」に至るまでの過程をあらわした
上から下への流れ図です。10の横長の四角いワクを下向き矢印で結んでいます。

スタートは「違反の探知」と書かれたワク。
以後ワクについては省略し、中の言葉だけ読みます。

「違反の探知」から下へ矢印。矢印は「調査」に進みます。
ここから２本の矢印が、左下と右下に向かって出ています。

左下へ出た矢印の流れから読みます。
この矢印の右脇に黒塗りで縁がギザギザの横なが楕円があり、中に白抜き文字で「悪質！」と書かれています。この矢印は「検事総長に告発」に進みます。
ここから下に矢印。その先に「起訴」。　この流れはここで終了。

調査にもどって　右下へ出た矢印は「排除措置命令・課徴金納付命令」に進みます。
ここからまた左下、右下へと２本の矢印が出ています。

右下に出た矢印から読みます。
この矢印の右脇に「不服なし」と書かれた矢印は「確定」へ。　この流れはここで終了。

「排除措置命令・課徴金納付命令」へもどって　左下に出た矢印は、左わきに「不服」と書かれ、「審判」に進みます。　「審判」から下へ矢印「審決」に進みます。
「審決」から左下と右下へ２本の矢印。
右下へ出た矢印の先に「確定」とあり、この流れはここで終了。

「審決」にもどって　左下へ出た矢印の先に「東京高裁で審決の取り消し訴訟」とあり、
すべての流れが終了します。
図　おわり。

【音訳のポイント】

　矢印が左下、右下と２方向にわかれた場合、すぐ終わってしまうほうから先に読むと後の処理が楽です。

②流れ図（フローチャート）2

図16－1　産科的リスク因子の概念図（イギリス）

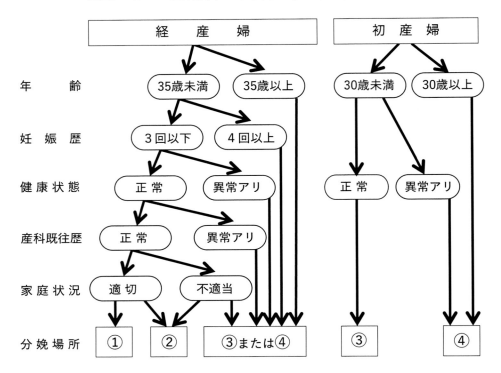

① ＝妊産婦の自宅
② ＝General Practitioner Maternity Home
③ ＝General Practitioner Obstetric Unit
④ ＝Hospital Obstetric Unit

Lloyd,G. : The Ante-Natal Clinic. In Hart,C.R.(ed):Screening in General Practice. Churchill Livingstone, 1975. より

【音訳見本例】

図16－1　産科的リスク因子の概念図（イギリス）
説明
経産婦、初産婦が、それぞれ色々なリスク因子によってふりわけられた結果、どのような分娩場所が一番適当であるか決められるその過程を下向き矢印で示した図です。

むかって左が経産婦、右が初産婦の流れです。

図左端に、リスク因子が5項目。上から、年齢、妊娠歴、健康状態、産科既往歴、家庭状況となっています。リスク因子の下が分娩場所です。分娩場所は①～④に分けられ、①が妊産婦の自宅、②がGeneral Practitioner Maternity Home　③General Practitioner Obstetric Unit　④Hospital Obstetric Unitとなっています。

リスク因子は横長楕円ワク、分娩場所は四角ワクの中に言葉が書かれていますが、ワクは省略し、言葉のみ読んでいきます。

経産婦の流れから読みます。
経産婦から下へ２本矢印が出て、はじめのリスク因子、年齢の所で、向かって右35歳以上と左35歳未満にわかれます。35歳以上の場合、他のリスク因子は考慮せず、まっすぐ下へ矢印がのび、分娩場所③または④まで行きます。
リスク因子年齢35歳未満にもどって、下へ２本の矢印、２番目のリスク因子妊娠歴の所で右４回以上、左３回以下にわかれます。４回以上の場合、他のリスク因子は考慮せず、まっすぐ下へ矢印がのび、分娩場所③または④まで行きます。
リスク因子妊娠歴にもどって３回以下の場合、下へ２本の矢印、3番目のリスク因子健康状態の所で右異常アリ、左正常にわかれます。異常アリの場合、まっすぐ下へ矢印がのび、分娩場所③または④まで行きます。
リスク因子健康状態にもどって正常の場合、下へ２本の矢印、４番目のリスク因子産科既往歴の所で右異常アリ、左正常にわかれます。異常アリの場合、まっすぐ下へ矢印がのび、分娩場所③または④まで行きます。
リスク因子産科既往歴にもどって正常の場合、下へ２本の矢印、５番目のリスク因子家庭状況の所で右不適当、左適切にわかれます。右の不適当の場合、下へ２本の矢印が出て左の矢印は分娩場所②へ、右の矢印は分娩場所③または④へ行きます。

家庭状況にもどって適切の場合、下へ２本の矢印、左の矢印は分娩場所①へ、右の矢印は分娩場所②へ行きます。

次にむかって右の初産婦の流れ、
下へ２本の矢印が出てはじめのリスク因子年齢の所で、右30歳以上と左30歳未満にわかれます。30歳以上の場合は他のリスク因子は考慮せず、まっすぐ下へ矢印がのび分娩場所④へ。
年齢30歳未満へもどって、下へ２本の矢印が出て、３番目のリスク因子健康状態の所で、右異常アリと左正常にわかれます。異常アリの場合はまっすぐ下へ矢印がのびて分娩場所④へ
健康状態正常の場合は、まっすぐ下へ矢印がのびて分娩場所③へいきます。
図　おわり。

2-5 系図

①世系図

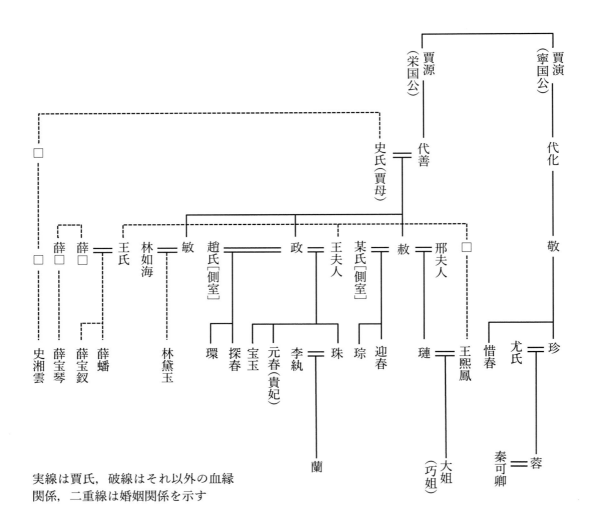

実線は賈氏，破線はそれ以外の血縁関係，二重線は婚姻関係を示す

賈家世系図

【音訳見本例】

XXXページ　賈家世系図

実線は賈氏、破線はそれ以外の血縁関係、二重線は婚姻関係を示す。
説明
図の大部分を占めているのは一代目賈源（栄国公）から５代目大姐までの
「栄国府」の流れです。
図の右端にはもう一つの「寧国府」の流れがあらわされています。賈演（寧国
公・一代目）は左側の栄国公賈源と実線で結ばれています。右側の寧国府も
５代目の蓉まで続いていますが、人数も少なく、物語の主要な登場人物は４
代目の惜春と、５代目蓉と婚姻関係で結ばれた秦可卿です。
栄国府の流れに戻り、物語の要となるグレート・マザー賈母は、二代目、そ
してその子どもたちや嫁にあたる三代目には、栄国府の当主賈赦と邢夫人、
賈政と王夫人、林黛玉の両親である賈母の娘賈敏と林如海などが書かれてい
ます。
『紅楼夢』の中心人物たちは４代目に名を連ねる王熙鳳、迎春、宝玉、探春、
元春、林黛玉、薛宝釵、史湘雲らとなっています。
図おわり。

【音訳のポイント】

　『紅楼夢』の研究書の場合は掲載されているすべての人物名と関係を伝え
ること。

『紅楼夢』：清朝中期乾隆帝の時代に書かれた中国の長編小説。大貴族の栄華と没落を背景に、主人公
賈宝玉と従妹林黛玉の悲恋を描いた作品。

②氏系図

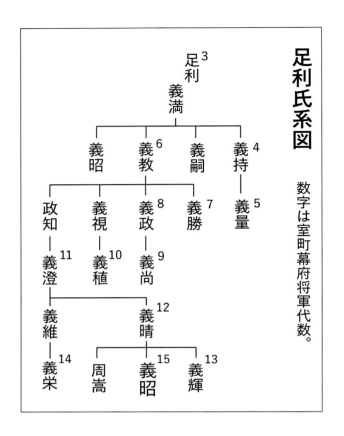

【音訳見本例】

足利氏系図
（数字は室町幕府将軍代数）

説明

〈第一世代〉３代将軍義満（よしみつ）から　〈第六世代〉15代将軍義昭（よしあき）まで、
六世代にわたる系図です。親子関係は縦の線で、兄弟関係は横の線で結ばれ
ています。

上から読みます。

〈第一世代〉３代将軍義満（よしみつ）。　　　下へ。

〈第二世代〉は４人。　右から、４代将軍義持（よしもち）。義持から下へ。〈第三世代〉
５代将軍義量（よしかず）。この流れはここで終わり。

〈第二世代〉義持へ戻って、左へ：義嗣（よしつぐ）。義嗣の流れはここで終わり。

左へ。６代将軍義教（よしのり）。　左へ：義昭（よしあき）。義昭の流れはここで終わり。

６代将軍義教へ戻って、下へ。

〈第三世代〉は４人。

右から、７代将軍義勝（よしかつ）。　この流れはここで終わり。

義勝から左へ：８代将軍義政（よしまさ）。

義政から下へ：〈第四世代〉９代将軍義尚（よしひさ）。　この流れはここで終わり。

〈第三世代〉義政へ戻って、左へ：義視（よしみ）。

義視から下へ：〈第四世代〉10代将軍義稙（よしたね）。　この流れはここで終わり。

〈第三世代〉義視へ戻って、左へ：〈第三世代〉最後の政知（まさとも）。

政知から下へ：〈第四世代〉11代将軍義澄（よしずみ）。義澄から下へ。

〈第五世代〉は２人。　右から12代将軍義晴（よしはる）。　義晴から下へ。

〈第六世代〉は３人。　右から13代将軍義輝（よしてる）。　左へ：15代将軍義昭（よしあき）。　左へ：
周　嵩（しゅうこう）。

〈第五世代〉義晴へ戻って、左へ：義維（よしつな）。　義維から下へ。

〈第六世代〉は一人。　14代将軍義栄（よしひで）。

図おわり。

【音訳のポイント】

　系図を読む際、「第一子」「第二子」あるいは「長男」「次男」は図に記載
されていない場合は読まないこと。

－77－

③家系図

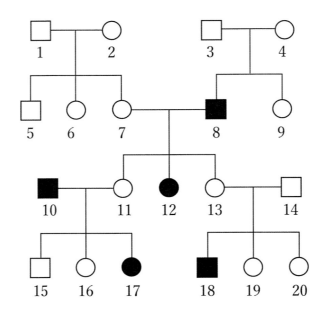

ある遺伝病の発症を示したヒトの家系図

■遺伝病を発症した男性　　●遺伝病を発症した女性
□遺伝病を発症しなかった男性　　○遺伝病を発症しなかった女性

【音訳見本例】

図「ある遺伝病の発症を示したヒトの家系図」
■黒四角＝遺伝病を発症した男性
□白四角＝遺伝病を発症しなかった男性
●黒丸＝遺伝病を発症した女性
○白丸＝遺伝病を発症しなかった女性

説明
四世代にわたる家系図です。左右２つの家系が二世代目で１つに結ばれ、三世代目からまた２つに分かれます。数字は各人の番号です。
一世代目左の家系は、左１白四角。横線でつないで、右２白丸。１と２の間からタテの線が下へ。二世代目に続きます。
一世代目右の家系は、左３白四角、横線でつないで右に４白丸。３と４の間からタテ線が下へ、二代目に続きます。
左の家系へもどって、二世代目左から５白四角、６白丸、７白丸です。５と６の流れはここで終了。
二世代目右の家系は、左に８黒四角、右に９白丸。９の流れはここで終了。
左の家系の７白丸と右の家系の８黒四角の間に横線。横線の間から下へ。三世代目に続きます。
三世代目は左から11白丸、12黒丸、13白丸。12黒丸の流れはここで終了。
左の11白丸の左に、横線で10黒四角が結ばれています。10と11の間の横線から下へ。四世代目に続きます。
三世代目にもどって、　三世代目の一番右端、13白丸の右に横線で結ばれて14白四角。
13と14の間から下へ。四世代目に続きます。
四世代目左の家系は、左から15白四角、16白丸、17黒丸です。
四世代目右の家系は、左から18黒四角、19白丸、20白丸です。

図おわり。

【音訳のポイント】

　医学書に多い遺伝病の系図ですが、利用者のご意見では、「白四角」「黒丸」のように表現したほうが「言葉（遺伝病を……男性〔女性〕）に置き換えるよりわかりやすい」とのことでした。

2-6 その他の図解

①関連や流れを示す図　1

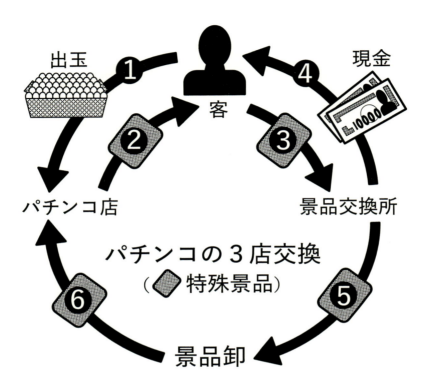

【音訳見本例】

説明

客、景品交換所、景品卸、パチンコ店の４者の間を、矢印が円を描いてまわり、出玉と現金、特殊景品の流れを表した図です。特殊景品は長方形のイラストで表されています。

12時の位置に客、３時の位置に景品交換所、６時の位置に景品卸、９時の位置にパチンコ店となっています。矢印には番号が打たれていますので、番号順に読みます。なお、２、３の矢印は円の内側にかかれています。

１の矢印は12時の位置の客から９時の位置のパチンコ店に向かっています。「出玉」と書かれたイラストが添えてあります。

円の内側、２の矢印はパチンコ店から客へ向かい、「特殊景品」のイラスト付き。

円の内側、３の矢印は客から３時の位置の景品交換所へ。「特殊景品」付き。

４の矢印は景品交換所から客へ向かいます。「現金」と書かれ、お札のイラスト付き。

５の矢印は景品交換所から６時の位置の景品卸へ。「特殊景品」。

６の矢印は景品卸から９時の位置のパチンコ店へ。「特殊景品」。

説明おわり。

【音訳のポイント】

●最初の２行で図の全体像を表している点に注目してください。

●この図のような場合は、できるだけ同じ言葉をくりかえして使い、同じ語順で伝えましょう。

　文章も簡略に、文末は「〜です」を省略した形で終わっています。

②関連や流れを示す図　2

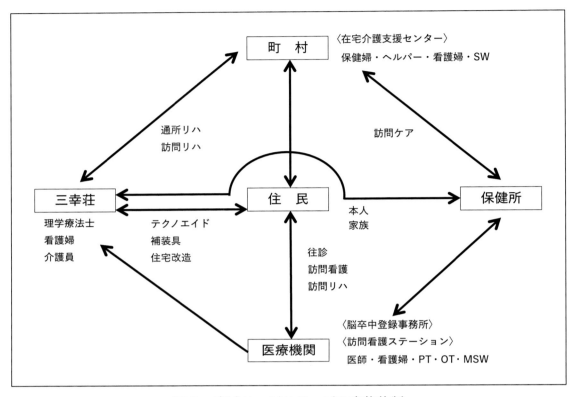

図2　広域リハビリサービス実施体制

【音訳見本例】

XXXページ　図2　広域リハビリサービス実施体制

説明

住民を中心に　町村・保健所・医療機関・三幸荘の4か所の間を矢印で結んでひし形を描いた図です。

ひし形の中央に［住民］：本人、家族。

12時の位置に［町村］：〈在宅介護支援センター〉保健婦・ヘルパー・看護婦・SW

3時の位置に［保健所］

6時の位置に［医療機関］：〈脳卒中登録事務所〉〈訪問看護ステーション〉医師・看護婦・PT・OT・MSW。

9時の位置に［三幸荘］：理学療法士、看護婦、介護員

はじめに住民と各機関とを結ぶ矢印を説明します。

住民と12時の位置の町村の間に双方向の矢印。

住民と6時の位置の医療機関の間に双方向の矢印。矢印のわきに「往診／訪問看護／訪問リハ」と書いてあります。

住民と9時の位置の三幸荘の間にも双方向の矢印があり、矢印の下に「テクノエイド／補装具／住宅改造」とあります。

次にひし形を描く矢印を時計回りに読みます。　町村と3時の位置の保健所の間に双方向の矢印。矢印の内側に「訪問ケア」と書いてあります。

保健所と医療機関の間に双方向の矢印。

医療機関から三幸荘へ向かって一方向の矢印。

三幸荘と町村の間に双方向の矢印。矢印の内側に「通所リハ／訪問リハ」。

最後に、三幸荘と保健所の間にも［住民］をこえて双方向の矢印があります。図おわり。

原案　日向真紀子（元横浜市中央図書館音訳者）
添削　遠藤美枝子

【音訳のポイント】

　添え書きがたくさん使われているので、読み方を工夫しましょう。

③体系図

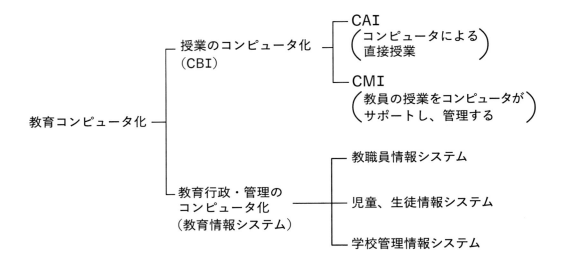

図　教育コンピュータ化

【音訳見本例】

XXページ　図　「教育コンピュータ化」

説明
<u>左から右へ細かく枝分かれしていく</u>体系図です。
〈教育コンピュータ化〉から<u>右へ線が出て</u>上下に分かれます。
上の線は〈授業のコンピュータ化（CBI）〉に入ります。
下の線は〈教育行政・管理のコンピュータ化（教育情報システム）〉に入ります。

上の流れから読みます。
〈授業のコンピュータ化〉から右へ出た線がさらに上下2本に分かれます。
上の線は〈CAI（コンピュータによる直接授業）〉に入ります。
下の線は〈CMI（教員の授業をコンピュータがサポートし、管理する）〉に入ります。
〈授業のコンピュータ化〉はここで終わっています。

はじめの〈教育コンピュータ化〉から下へ枝分かれした〈教育行政・管理のコンピュータ化〉にもどって、ここから右へ出た線が上・中・下3本に分かれます。
上の線は〈教職員情報システム〉に入ります。
中の線は〈児童、生徒情報システム〉に入ります。
下の線は〈学校管理情報システム〉に入って終わっています。
図　おわり。

【音訳のポイント】

● 1行目で図の全体像を伝えています。
● 「〈授業のコンピュータ化〉が2つに分かれ、」と説明されると、「教育」と「コンピュータ化」の2つに分かれるようにとれる（利用者評）ので、「右へ線が出て」が大事。

④ 4象限マトリックス

図6.1　現代社会の社会福祉の諸問題

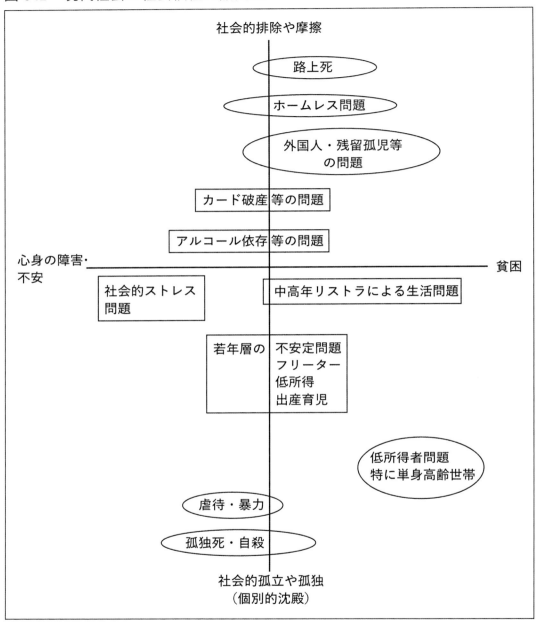

【音訳見本例】

XXXページ　図６．１　現代社会の社会福祉の諸問題
説明
直角に交わるたて軸とよこ軸によって４つの領域ができます。
たて軸の方がやや長く、上のはしに「社会的排除や摩擦」と書かれています。
下のはしに「社会的孤立や孤独（個別的沈殿）」とあります。
たて軸を上下２：３にわける位の位置によこ軸。よこ軸は右のはしに「貧困」、左のはしに「心身の障害・不安」とあります。よこ軸は右の部分「貧困」の方が少し長くなっています。
この座標軸によってできる４つの領域の中に、よこ長のだ円ワクが６つ、よこ長の長方形のワクが５つおかれています。ワクの中に様々な問題が言葉で書かれています。
たて軸にそって上から読んでいきます。
たて軸上方「社会的排除や摩擦」のすぐ下にタテに並ぶ３つの楕円。３つとも「貧困」の方に大きく張り出していますが、たて軸をまたいで左の領域「心身の障害・不安」にも、少しかかっています。上から１つ目「路上死」、２つ目「ホームレス問題」、３つ目「外国人・残留孤児等の問題」です。
たて軸を下におり、よこ軸近くに２つの長方形のワク。２つのワクとも、たて軸をまたいで左の領域に半分以上かかっています。上のワクが「カード破産等の問題」。下のワクが「アルコール依存等の問題」です。
よこ軸をこえて下へ。すぐ下に長方形のワク。右の領域、貧困の方に大きく張り出していますが、ほんの少したて軸をまたいで、左領域にかかっています。「中高年リストラによる生活問題」とあります。
同じくよこ軸のすぐ下、よこ軸左はし近くに長方形ワクで「社会的ストレス問題」。たて軸を少し下へさがり、たて軸をまたぐ形で大きめの長方形ワク。「若年層の不安定問題、フリーター、低所得、出産育児」とあります。
さらにたて軸を少しさがり、右の領域のたて軸から離れた所に大きいだ円ワク。「低所得者問題　特に単身高齢世帯」と書かれています。
たて軸にもどり、下の端近くに２つの楕円ワク。２つのワクとも、左の領域「心身の障害・不安」の方に大きく張り出していますが、たて軸をまたいで右の領域「貧困」にも少しかかっています。上のワクに「虐待・暴力」。下のワクに「孤独死・自殺」となっています。
説明おわり。

⑤相関図　1

図6.4　自殺の危機経路

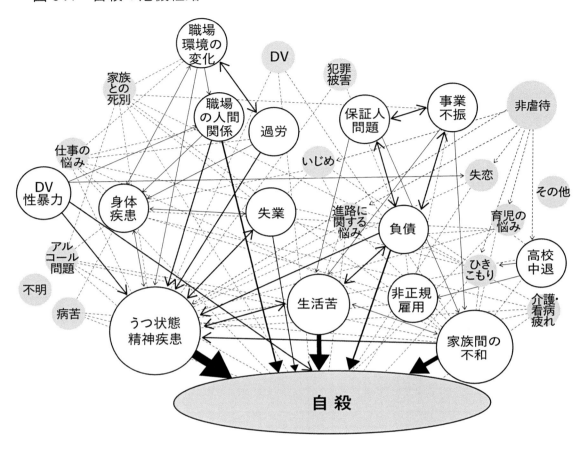

【音訳見本例】

ＸＸＸページ　chart 図6.4　「自殺の危機経路」

説明

図の一番下に横長楕円ワク。中に「自殺」と書かれています。
この楕円にむかって上から何本もの矢印や破線がおりてきています。
それらの矢印や破線は、自殺に至る様々な要因が描かれた大小の円から
発しています。また、円と円の間も多くの矢印や破線で結ばれています。
「自殺」のワクに一番近い一番大きな円は楕円ワクのすぐ左上で、「うつ状態・精神疾患」と書かれています。自殺に向かう矢印も一番太くなっています。
また、この「うつ状態・精神疾患」の円には、上の方から「ＤＶ性暴力」「身体疾患」「職場の人間関係」「失業」「過労」などの円が発する矢印が入っています。
これらの円は相互矢印で結ばれているものもあります。
二番目に大きな円は、楕円ワクのすぐ右上で「家族間の不和」。矢印も太めです。
「家族間の不和」からは、はじめの大きい円「うつ状態・精神疾患」にも矢印がむかっています。また、上の方の円、「事業不振」「負債」「保証人問題」等からも矢印が入っています。
「自殺」の楕円にむかう三番目に大きな円は、楕円の中央すぐ上の「生活苦」。
ここからも太めの矢印が「自殺」へ。「生活苦」は、はじめの「うつ状態・精神疾患」や二番目に大きな「家族間の不和」とも相互矢印で結ばれています。その他、上の方の「失業」「負債」「非正規雇用」からも矢印が入っています。
この他の円で囲まれた要因としては、「高校中退」「職場環境の変化」、小さい円で、病苦、アルコール問題、仕事の悩み、家族との死別、ＤＶ、犯罪被害、いじめ、進路に関する悩み、失恋、ひきこもり、育児の悩み、介護看病疲れ、不明、その他、があります。
それらの間を、実線矢印や破線、破線矢印が結び、最終的に「自殺」に至っています。

図　おわり。

【音訳のポイント】

　この図は「白書」から転載した図であり、「自殺にはさまざまな要因が複雑にからみあっている」ことを示す例として掲載されたものです。すべての破線や矢印を説明する必要はありません。

⑥相関図　2

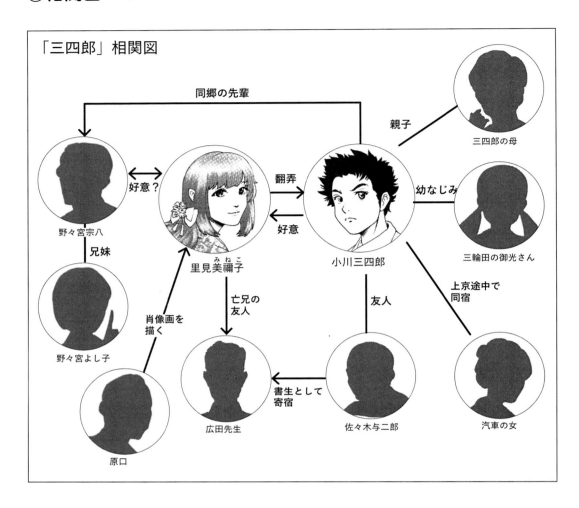

【音訳見本例】

「三四郎」相関図

説明
図の中央に2つの円が少し離れて描かれています。
向かって右の円の中に小川三四郎の顔のイラスト。左の円の中に里見みね子のイラスト。
2人とも目が大きく、髪形もみね子は長い髪を後ろでゆるく結び、三四郎は短い毛をツンツン立てた現代風なスタイルです。

三四郎からみね子へ「好意」と書かれた矢印が向かっています。みね子から三四郎へ「翻弄」と書かれた矢印。

２人を取り囲んで８つの小さな円があり、それぞれの円の中に２人の関係者がシルエットで浮かび上がっています。２人との関係が矢印や線で結んで表されています。

三四郎の関係者から読みます。

三四郎から見て１時の位置に「三四郎の母」。２人の間は「親子」と書かれた線で結ばれています。３時の位置に「幼なじみ」の線で結んで「三輪田の御光さん」。５時の位置、「上京中で同宿」の線で結んで「列車の女」。６時の位置、「友人」の線で結んで「佐々木与次郎」。「佐々木与次郎」からは左へ向かって矢印が出ていますが、これは後で説明します。

次にみね子の関係者。

みね子から見て６時の位置に「広田先生」。みね子から広田先生への矢印で結ばれ、「亡兄の友人」と書かれています。この「広田先生」には、三四郎の６時の位置の「佐々木与次郎」からも矢印がきて、「書生として寄宿」と書かれています。みね子の７時の位置に「原口」。原口からはみね子への矢印、「肖像画を描く」と書かれています。みね子の９時の位置に野々宮宗八。２人の間は相互矢印で結ばれ「好意？」（この？は必ず読むこと）と書かれています。

野々宮宗八から下へ「兄妹」の線で結ばれた野々宮よし子がいます。

また、野々宮宗八へは、三四郎からみね子の上を越えて「同郷の先輩」と書かれた矢印が向かっています。

説明おわり。

【音訳のポイント】

- 新聞記事なのでもっと簡略な説明でよいのですが、人物相関図の例として、詳しく説明しました。
- ただし、簡略な説明の場合にも本文中にある「現代風のキャラクター」を図ではどのように表現しているかについて伝えてください。

⑦特殊な図

I　藤代家
（物語の冒頭部で過去に遡り、複数の視点がリレー式につながる）

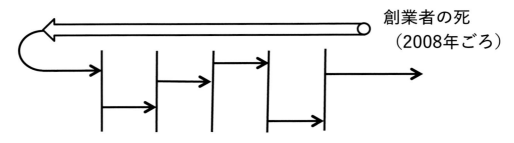

【本文引用】
3　時間と空間の操作
　三作の時空間の操作について見てみよう（次頁図参照）。
「ツリーハウス」全十二章。第一章は一九九〇年代末の現在。第二章でいったん大きく時間を戻し、そこから折り返す形で次第に冒頭の時間に近づいていく物語があり、ときおりその合間に現在の物語が挟まる。過去の物語は現在の物語に追いつき、最後に冒頭の時間を追い越すことになる。主な視点人物は章ごとではなく、時代ごとに交替する。冒頭の九〇年代が良嗣、過去に遡って、泰造、ヤエ、第六章で次世代の慎之輔に移り、そしてまた良嗣に戻る。「リレー形式」の語りのクロニクルとなっている。
【本文引用終わり】

【音訳見本例】

XXページ　図
「Ⅰ藤代家（物語の冒頭部で過去に遡り、複数の視点がリレー式につながる）」

説明
上に細い筒状の矢印が一本、水平に置かれています。左端が大きな矢印になっています。
右端に「創業者の死（2008年ごろ）」と書かれています。
その筒状の矢印の下に、短い縦の線が等間隔で5本平行に並んでいます。
上の矢印の左端から出た小さい矢印が下へカーブしており、さらにUターンして右へ戻ります。
1本目の縦の線にぶつかります。
矢印がぶつかったところから少し下へ下がったところから右へ出た矢印が2本目の縦線にぶつかります。
ぶつかったところから少し上がったところから矢印が右へ出て3本目の縦線にぶつかります。
ぶつかったところから少し上がった位置から次の矢印が右へ出て、4本目の縦線にぶつかります。
ぶつかったところから少し下へ下がった位置から次の矢印が右へ出て、5本目の縦線にぶつかります。
ぶつかった位置から少し上がったところから右へ出た矢印が右へ伸びて、スタートの「創業者の死（2008年ごろ）」を超えたところまで伸びています。
説明おわり。

【音訳のポイント】
● 原本では図が3つありましたので、ひとつひとつの終わりで「説明おわり」、すべての図が説明を終えたところで「図おわり」をいれました。
● この図も文章で説明することは難しい例です。

⑧化学構造式　1

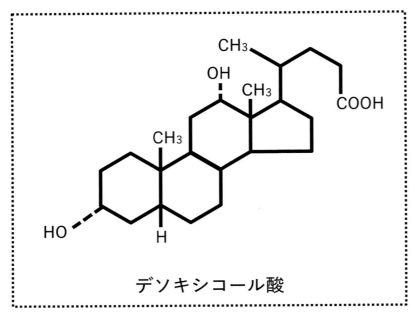

図2

【音訳見本例】

<u>XXXページ　図2</u>
（本文）……コーチゾンを合成する出発原料として、胆汁から得られるデソキシコール酸が選ばれた（図2）。
図2．XXXページ　デソキシコール酸
説明
デソキシコール酸の化学構造式です。左から右へ読んでいきます。
左右2つの六員環が縦の線を共有して並んでいます。
向かって左側の六員環の左ななめ下の角（あるいは頂点）から破線が出てOH。
もどって、共有線を下へ伸ばしてH。共有線を上に伸ばしてCH3。
むかって右側の六員環の右ななめ上の線（あるいは辺）に3つめの六員環が

のり、その右隣りに山型を上にして五員環が接しています。

３番目の六員環の上の角から上へ破線が出てOH。

六員環にもどり、五員環との共有線を上へ伸ばしてCH$_3$。

五員環の山型の頂点から上に線が出てY字型にふたまたに分かれます。左ななめ上にのびた線の先にCH$_3$。Y字型の右ななめ上にのびた線は１つ山型を描き、そこから下へ延びてCOOHで終わっています。　　　　　図おわり。

　　　これは、……（以下本文）。

【音訳のポイント】

●化学や薬学の専門書の場合は、聴き手も基礎知識を持っていると思われるので、上記の例のように説明してよいでしょう。

●一般書の中に使用されている場合は、「六角形」「五角形」と、わかりやすい言葉で説明しましょう。場合によっては、「左右のタテの辺が長い六角形」「長方形の上に三角の山型がのった五角形」のように具体的な形を加えましょう。

●化学の専門家は、Ｃ（炭素）とＣが結合している箇所から読んでいくそうですが、ここでは「素人の音訳者が説明する」という前提で、「左から右に読んでいきます」と断っています。

　たくさんの図が使われている場合は、はじめに「録音版凡例」で「化学式は左から右へ読んでいきます」と断っておくとよいでしょう。

⑨化学構造式 2

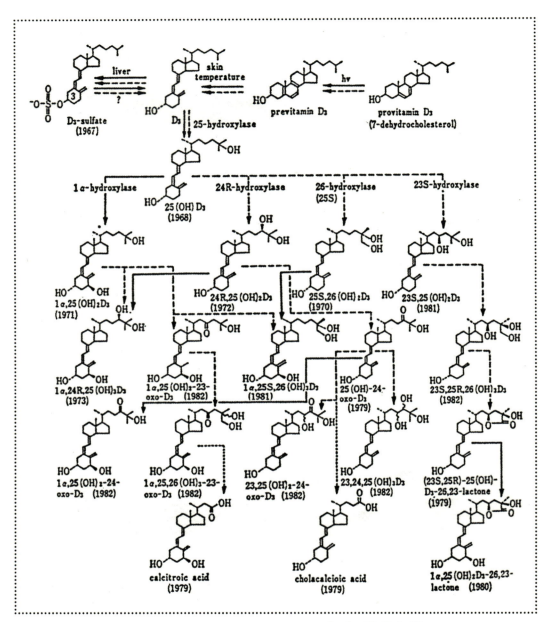

図1　Metabolic pathway of vitamin D₃　（　）発見年数

【音訳見本例】

『治療の歴史　断章』
XXXページ　図1　Metabolic pathway of vitamin D$_3$

説明
1967年に発見された　D$_3$-sulfateにはじまり、1982年に発見された4種類まで、22種類のビタミンD$_3$の変化を発見された年と化学構造式の変化で表わしています。
それぞれの構造式の説明は省略いたします。
図　おわり。

【音訳のポイント】

第1章 :8 （p19）の「省略も技術」を参考にしてください。

【参考】

 六員環

 五員環

 六員環の中に二重結合が移動する円のしるし

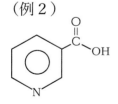 ベンゼン環（二重結合が三つ互い違いに出てくるもの）

（例1）

①ベンゼン環。右下の角（頂点）からななめ右下へ枝が出てX。
　ベンゼン環の上の角（頂点）から上へ枝が出てCOOH。
②化学の専門書の場合
　ベンゼン環。斜め右下に枝分かれしてX。
　Xのメタの位置にCOOH。
　すぐ隣の時はオルトorオルソ。反対側の時はパラ

（例2）

六員環の下の角（頂点）にN。六員環の中に二重結合が移動する円のしるし。Nのメタの位置、この図では右上の角から右斜め上へ枝が出てC。Cから上へ二重結合でO。Cへ戻ってCから右斜め下へ枝が出てOHで終わっています。

⑩フラクタル図形

代表的なフラクタル図形（シルビンスキーのギャスケット）

【音訳見本例】

説明

大きな正三角形の中に、大小様々な正三角形と逆正三角形が規則的に配置された図です。

逆三角形の中には何も描かれていません。

大きな正三角形があります。

各辺の中心点を他の辺の中心点と結ぶと、3本の直線がひかれ、真ん中に逆三角形が1つできます。この逆三角形を取り囲み、上、右、左に正三角形が3つできます。真ん中の逆三角形はそのまま。

取り囲む3つの正三角形のそれぞれの三辺を、中心点で結ぶ3本の線をひくと、また真ん中に逆三角形が1つと、取り囲む3つの正三角形ができます。逆正三角形の中は空白のままです。

この作業を繰り返すと、三角形はどんどん小さくなり、限りなく小さな逆三角形と正三角形が無限に増えていきます。

図おわり。

⑪フリップス曲線

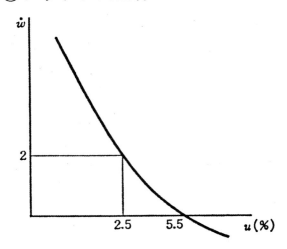

図1－20　フリップス曲線

【音訳見本例】

図1－20　フリップス曲線

説明
タテ軸　$\dot{w}$（イタリック小文字　ダブリューアッパードット）。
目盛りは原点から少し上がった所に、2のみ。
ヨコ軸　u（イタリック小文字）。　単位パーセント。
目盛りは原点から右へ2.5と5.5　　。
タテ軸よりの上方から右下がりに降りてきた線が、タテ軸の値2、ヨコ軸の値2.5の点と、
タテ軸0、ヨコ軸5.5の点を通る下に凸(トツ)の曲線となってよこ軸の下まで伸びています。
説明おわり。

【音訳のポイント】

　w（ダブリュー）、ω（オメガ、ギリシャ文字Ωの小文字）を間違えないようにしましょう。

　「下にふくらんだ弧を描き」でも可。
　一般書の場合はこちらの表現のほうがわかりやすいでしょう。

【参考】

(例)

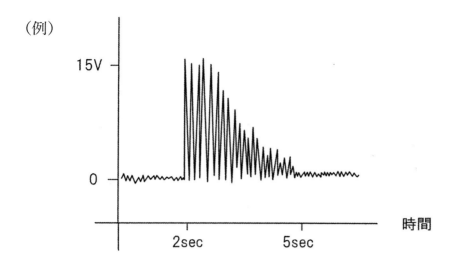

本書著者が音訳解説のためにつくった架空のグラフ

【音訳見本例】

説明
2秒間は0に近い所で細かい上下のふれをくり返しています。
2秒後に垂直に近い立ちあがりを示し、最大値は15Vをややこえますが、すぐ急下降。
この動きを数十回くりかえすうちにふれは少しずつ小さくなり、
5秒後には、0に近い所で細かい上下をくり返しながら収束します。
説明おわり。

※医学書では動物を使った電気ショック等の実験結果が、このようなかたちで掲載されることがあります。代表的な数種類の図の中から特徴をとりあげて、著者である私が作成しました。似たような図（グラフ）の説明の際に参考にしてください。

2-7 写真

①風景画の写真

十二社の滝を描いた錦絵(文久2年、歌川広重「江戸名所図会」より)

【音訳見本例】

XXXページ　写真「十二社の滝を描いた錦絵（文久２年、歌川広重「江戸名所図会」より）

説明

左右には木々の生えた高い崖。その間から、幅広の滝が落ちています。水しぶきがあがり、

水の勢いが感じられます。

滝壺の周辺には見物の人の姿もチラホラ描かれています。　　　（79字）

写真おわり

【音訳のポイント】

　この例のような場合は、人数をはっきり伝える必要はありません。

　また、原本の文章内容から、日本画としての説明は必要ないと判断し、ここでは入れていません。

　第１章５「文章表現の工夫が必要」［例６］（p17）を参照のこと。

②史実の写真

パリ講和会議での4人の指導者　左からロイド=ジョージ英首相、オルランド伊首相、クレマンソー仏首相、ウィルソン米大統領（1919年　写真提供：△△△△△△）

【音訳見本例】

XXXページ　写真

「パリ講和会議での4人の指導者　左からロイド＝ジョージ英首相、オルランド伊首相、クレマンソー仏首相、ウィルソン米大統領」（1919年　写真提供：△△△△△△）

説明：白黒写真です。開いたドア、建物の外壁を背景に、正装した4人の指導者が写っています。左(端)から、手ぶりを交え、向き合って言葉を交わすロイド＝ジョージ英首相とオルランド伊首相。

開いたドアの前に、一人正面を向いて立つクレマンソー仏首相。写真右端には長身のウィルソン米大統領が、体を横向きにして他の三人の方を見守っています。

写真おわり。

【音訳のポイント】

キャプションと、音訳者の説明の区別ができていますか。

悪い例：

XXXページに写真があります。説明には"パリ講和会議での4人の指導者"とあり、左から〜、ウィルソン米大統領となっています。1919年撮影の写真で提供は△△△△△△です。

③ノンフィクションの写真

第1章　河北新報のいちばん長い日

大震災対策会議の模様。一般社員も横から参加している

【音訳見本例】

XXページ写真「大震災対策会議の模様。一般社員も横から参加している」
説明
薄暗いビルの室内。閉ざされた会議室ではなく広い事務室の一角です。
長方形のデスクの周りに数人の背広・ネクタイ姿の男性が座って会議をしている様子を、やや上から見下ろす角度で撮っています。
まわりにも数人の男性の姿が見えています。
写真おわり。

【音訳のポイント】

　人数について正確に伝える必要はありません。

第2章　気仙沼から届いた手書きの原稿

大震災の翌朝。夜明けとともにがれきの中を進む取材班

【音訳見本例】

××ページ写真「大震災の翌朝。夜明けとともにがれきの中を進む取材班」
説明
写真の下(した)半分以上が一面のがれき。ところどころに水たまりがあります。その中をヘルメットやリュックに長靴姿(ながぐつすがた)で進む記者の後ろ姿。
写真上方(じょうほう)は雲がひろがる空。建物の形がなく、電柱と電線が目立ちます。
写真おわり。

【音訳のポイント】

　キャプションでは「がれきの中を進む」とありますが、写真では空の下に高い建物は見当たらず、電柱と電線だけが目立っている点に注目しました。

第5章　窮乏するロジスティクス

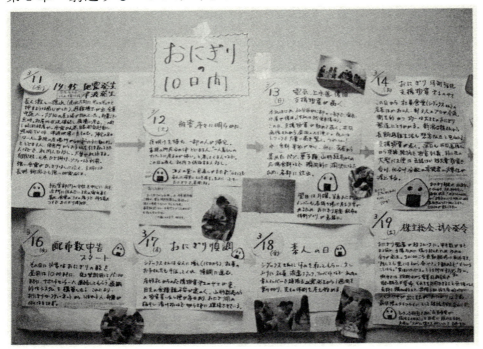

おにぎり班の活動を伝える壁新聞

【音訳見本例】

XXXページ写真「おにぎり班の活動を伝える壁新聞」

説明
壁に8枚の紙が上下2段、4枚ずつ貼られています。
左上から右へ、3月11日、12日、13日と順に日付がつけられ、手書きの文章が書かれています。
写真がついている日もあります。
おにぎりを人の顔に見立てたイラストが毎日どこかについています。
12日の紙の上に「おにぎりの10日間」というタイトルのついた小さい紙が貼られています。
写真おわり。

第9章　地元紙とは、報道とは

5月21日付「ドキュメント大震災」。乗客の女性が撮影した写真とともに、被災者たちが車内で一夜を明かした模様が生々しく再現されている

【音訳見本例】

XXXページ写真「５月21日付『ドキュメント大震災』。乗客の女性が撮影した写真とともに、被災者たちが車内で一夜を明かした模様が生々しく再現されている」

説明
「ドキュメント大震災～その時　何が〈８〉」の記事の写真です。
「命運分けた停車位置／高台の下り線　津波免れる」の見出しで２枚の写真が掲載されています。
一枚は車中で夜を明かす人々の様子、もう一枚は津波に押し流されくの字に曲がった上り列車を空から撮ったものです。
写真おわり。

④生物写真

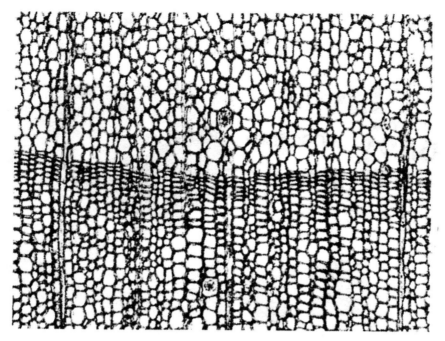

イチョウの木の横断面。春と夏にできる直径が大きな水輸送細胞と、成長シーズン後期にできる直径が小さな細胞が見える。年輪は、季節による成長パターンの違いから生まれる。

【音訳見本例】

XXページ　写真

　イチョウの木の横断面。春と夏にできる直径が大きな水輸送細胞と、成長シーズン後期にできる直径が小さな細胞が見える。年輪は、季節による成長パターンの違いから生まれる。

説明

　こまかいアミ目状の模様がびっしり並んでいます。アミ目の大きさによって上下二段にはっきり分かれています。上段は大きい目が多く、下段は小さい目が多くなっています。上段と下段の境界付近は特にこまかい目になっています。

説明おわり。

2-8 挿絵

①エッセイ　挿絵

カルフォルニア地方・温度表

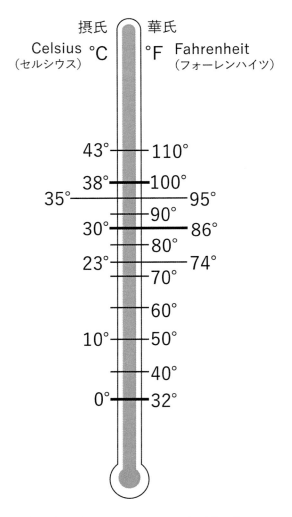

カルフォルニア地方は年に何日か100〜110度（華氏）になることがあるが、湿度が低いために日没後は急に涼しくなることが多いので、日本の夏と比べるとずっとしのぎやすい。

【音訳見本例】

XXXページ「カリフォルニア地方・温度表」
「カリフォルニア地方は（中略）に比べるとずっとしのぎやすい。」

図　説明
温度計が一本、垂直に描かれています。向かって左側に「摂氏（セルシアス）」右側に「華氏（フォーレンハイツ）」の数値が書かれています。一番下の数値は摂氏0度、華氏32度です。
下から上へ読んでいきますが、華氏の数値しか記されていないところもありますので、まず華氏の数値、対応する摂氏の数値の記載があるところは続いて摂氏を読みます。
華氏32度は摂氏0度。
華氏40度
華氏50度は摂氏10度
華氏60度
華氏70度
華氏74度は摂氏23度
華氏80度
華氏86度は摂氏30度
華氏90度
華氏95度は摂氏35度
華氏100度は摂氏38度
華氏110度は摂氏43度。

説明おわり。

【音訳のポイント】

　同じ言葉の繰り返しで余計な言葉は使っていません。このような場合は、読み手の音声表現技術が求められます。次の行に移る際の「マ」をとること、出だしは一定の声の高さで入ること等、表の項目読みと同様です。

②小説の解説本　挿絵

【音訳見本例】

Xページ　挿絵

説明
縦長、長方形の図。
右上端（みぎうえはし）のほうに、縦書きで漢字七文字の文。
「祭（まつる）・天（てん）・地（ち）・桃（とう）・園（えん）・
結（けつ）・義（ぎ）」が読み取れます。
左上部に脚のついた四角い卓。卓の上、中央に香炉、左右に一本ずつ蝋燭の
立ててある燭台。
この卓の右下に牛と馬が膝を折って座っています。
牛馬の背後には、長い刃物のようなものを持った男が二人控えています。
図の右下に三人の男性。三人ともひげを生やし長着（ながぎ）を着ています。真ん中の
男性には「関公（かんこう）」、右端の男性に「張飛（ちょうひ）」と書かれています。
周囲には、少し花がついた木が3、4本描（えが）かれています。

説明おわり。

【音訳のポイント】

　原本の「はじめに」の中で「祭天地桃園結義」の説明（「天地（てんち）を祭（まつ）り、桃
園（とうえん）に義（ぎ）を結（むす）ぶ」）がされているので、ここでは漢字説明や意味などについて
の説明は不要。

③サイエンス読み物　挿絵

【音訳見本例】

XXXページ　　　挿絵
イラスト「タイワンアリタケ」
説明
地色は白。
上のほうから先端が細くなった葉が一枚たれ下がっています。
右のほうに張り出した弧を描いています。
葉裏が見えていて、黒、グレイの濃淡で表されています。
葉裏の中心の太い葉脈に、一匹のアリが口をつけてしがみついています。
アリの首の部分にはアワのようなものが巻きつき、そこから出た細い枝は３ヶ所曲がりながら下へ伸びています。
曲がり角になっている節々の部分に、やはりアワのかたまりがついています。
アリの頭や足先からも枝が出て、先端にアワのようなものがついています。
説明おわり。

【音訳のポイント】

●本書では、それぞれの生物の話題に入る扉のページに、このようなイラストが計27枚描かれていました。「読者は本文を読む前にイラストを見る」という視点で説明しています。

2-9 表紙

①人物画が使われている表紙

表　　　　　　背　　　　　　裏

【音訳見本例】

『新リア王（上）』高村薫 著

表紙カバー説明

表：地色は黒に近いこげ茶色。老人の顔が大きく浮かび上がっています。レンブラントの「金の鎖をつけた老人」の絵です。短い髪も（マ）顔中を覆うヒゲも（マ）長く伸びた眉毛も軽くウエーブした白い毛で、少し灰色が混ざっています。額に刻まれた深いシワ、固く結んだ口元。放心したような眼は悲しみをたたえているように見えます。少しだけ見えている黒っぽい衣服の胸もとには金の鎖が鈍く光っています。

画面左上に大きな白ぬきの文字が4文字。縦書きでタイトル。「新」は漢字「あたらしい」。「リ」「ア」はカタカナ。「王」は漢字。「リ」と「ア」の中間、左わきに斜めにして書かれた小さなベージュ色の正方形。その中に黒文字で上巻の「上」。

画面右上にやや小さな白ぬき文字3文字。縦書きで著者名。

背：白い地色。上の方に大きな金文字でタイトル。タイトルの下に斜めに書かれたベージュ色の正方形。黒文字で「上」。下の方に黒文字で著者名。

裏：表と同じ絵ですが、少し縮小され、一段下げて使われているため、胸もとの金の鎖はほとんど見えません。絵の上の空間には、バーコード、ISBNナンバー、定価等が記載されています。

表紙カバー説明おわり。

【音訳のポイント】

- ●タイトルや著者名の文字説明は、それぞれの所属グループのマニュアルに従ってください。
- ●説明文中の「　」や（マ）は、本文の読み同様、気をつけて読むこと。
- ●「悲しみをたたえているように」と表現しましたが、より具体的になると思いませんか。

【参考】

　音声図書の場合、表紙説明の前に、まず「書名　著者名　出版社名」が告知されます。

　表紙説明では

① 表表紙で　「出版社」とのみ告知

② 表表紙で　「版元名」を告知。背・裏表紙では「出版社」で終了

といった対応のしかたがあります。

　これは、「出版社名や書名、著者名を何回も繰り返し告げると、利用者がうるさく感じられるのでは」という音訳者の配慮でもあります。

②抽象画の表紙と帯

表

帯

【音訳見本例】

『黄金の夢の歌』（津島佑子）表紙カバー　説明

表紙・ケース・帯が一体となったデザインです。表紙は厚紙で深い青一色。背表紙だけに白文字で上からタイトル・著者名、下のほうに小さく出版社名が書かれています。

ケースは背表紙部分がなく、本体の青い背表紙が見えています。
ケース表は本体と同じ深い青色と白の二色に縦に塗り分けられています。上から下への不揃いな縦のギザギザで区切り、向かって右のほう３分の２ぐらいが白、残り３分の１ぐらいが青い部分です。
白い部分に金文字・縦書きで大きくタイトル。青い部分上部に同じく金文字・縦書きで著者名がやや小さく書かれています。
ケースを横にしてみると、白い部分は雪をかぶった山並みに、青い部分は空のように見えます。
ケース裏は、表と同様にギザギザの分け目で、青と白に塗りわけられています。向かって右の方３分の１ぐらいが青、残りの３分の２ぐらいが白になっています。白い部分の左上方にバーコード、出版社、定価等が青色で表記されています。
本体の背表紙をはさむと、ケース表の青、本体背表紙の青、ケース裏の青がつながってみえます。
帯もケースと同様に白と青で塗り分けられ、金文字・縦書きで紹介文と本文の一部が書かれています。

装幀　帆足英里子
説明おわり。

③写真の入った表紙

【音訳見本例】

表紙説明

カバー表
　写真と画像を合成して作ったようです。写真はイチョウの大木を根元の方から見上げる角度で撮っています。
ゴツゴツした太い幹は、途中から何本もの枝にわかれ、その先には黄葉して黄金色に輝く葉がいっぱいについています。
太い幹の右下、脇の方からプリズムの光のように七色の光の線がイチョウの木に向かって射し込んでいます。
表紙の上の方、色づいたイチョウの葉に重ねて、黒い大きな文字、横書きでタイトルが２行。１行目カタカナでイチョウ。２行目、奇跡の2億年史。３行目に小さく白文字、横書きで副題、生き残った最古の樹木の物語。
副題の下に横書き、黒文字で著者名と訳者名。むかって左にカタカナで、ピーター・クレイン著。下に小さくつづりでPeter Crane。むかって右に矢野真千子訳。
タイトルの1行目、イチョウの右横に原題、すべて大文字でGINKGO。
その下にThe Tree that Time Forgot.
表紙一番下中央に小さく横書きで、出版社名・河出書房新社。

説明　おわり。

【音訳のポイント】

　「イチョウの葉の上に」としないこと。「上部」にと受けとられてしまう可能性があります。

第3章

絵本やマンガなどの
伝え方事例

第3章
絵本やマンガなどの伝え方事例

3-1 絵本

【音訳見本例】

説明

表紙

表紙の上のほうにタイトル。横長にひろげた巻紙の中に、「障害者権利条約」と大きく書かれています。タイトルのすぐ上に本を広げた形の中に「えほん」とあります。タイトルの下にセリフの吹き出しのように「わたしたちぬきにわたしたちのことを決めないで」とあります。この言葉の下に青い背広姿の青年が立っています。髪の毛の色は黄色。頭のてっぺんで大きくカールしています。青年は両手で顔よりも大きな地球をかかえています。この青年をとりかこむように、両脇に四つの場面が描かれています。画面むかって右上には、教室の中、机にすわった女の子と、むかいあって立っている女の先生が手話で話している場面。ふたりとも笑顔です。右下の絵は、ブラインド・サッカーをしている場面。片足でツエを使っている選手もいます。画面左上には、車イスに乗った人と介助者が階段脇のスロープをあがろうとしている場面。左下の絵は、盲導犬をつれて歩く人や、白杖を持ち、介助者の肩に手を乗せて歩く人の姿が描かれています。表紙下のほうに小さく著者名、出版社名、画家の名前が書かれています。<u>なお、表紙も含めこの本の絵はすべて、木版に彩色したような絵です。</u>

説明おわり。

【音訳のポイント】

里圭さんが版画家であるなら、「彩色した木版画です」と言い切ってしまって可。

障害のある人もない人も，
みんなが大切にされる社会は
どうすれば作れるのでしょうか？
世界中でずっと考えてきました。
でも、かんたんではありませんでした。

そんなときでした。
パッと、国連の議場がかがやきました。
パチパチ拍手
ヒューヒュー口ぶえ
ドンドン足ぶみ
たくさんのよろこびの中で、
障害者権利条約は生まれました。
そう、ボクの誕生日は2006年12月13日です。

【音訳見本例】

説明

Xページ（本文に続いて）

国連の議場の絵です。真ん中に大きな赤ちゃんがいます。丸顔でにこにこしたかわいい赤ちゃんです。髪の毛は黄色で、頭のてっぺんでくるっとカールしています。左手にはくるくると丸めた紙の筒を持っています。赤ちゃんの寝ている台には「2006年12月13日」と記されています。周りには、大勢の大人達が拍手や万歳をしていて、車椅子の人もいます。

説明おわり。

※添削・アンダーライン部分を追加。

原案　高山久美子（フリーアナウンサー　元都立中央図書館音訳者）
添削　遠藤美枝子

【音訳見本例】

説明

Xページ（本文に続いて）

真ん中に赤ちゃんがいて、下から抱きかかえられています。

抱きかかえているのは<u>白人</u>の女性、<u>黒人</u>の男性、女の子と男の子です。

赤ちゃんはやっぱり、左手に紙の筒を持っています。

説明おわり。

※添削・アンダーライン部分
　　　「白人」　→　「肌の白い」
　　　「黒人」　→　「褐色の肌の」　に、変更

　　　　　　　　　　　　原案　高山久美子（フリーアナウンサー　元都立中央図書館音訳者）
　　　　　　　　　　　　添削　遠藤美枝子

3-2 4コマ マンガ

【音訳見本例】

説明
『パロパロ新世紀劇場』コジロー

4コママンガです。
1コマ目：顔の大きい太ったＯＬが咳き込んでいます。
「え〜ほ（ひらがなの「え」に濁点）ごほごほごほ」
2コマ目：まだ咳をしています。「ごっほ　ごっほ　ぐほ　げほ　がほ」
画面左後方から眼鏡をかけた小柄なＯＬが聞きます。「どうしたのよ 今日は」
3コマ目：場所は外で桜の木が花盛りです。まわりに人がたくさんいて、二人を注目しています。
咳をしている女性が言います。「香港から帰ってからへんなのお」「げほっ　ごっほ　ぐほ　げほっほっほ」
小柄な女性が驚いた表情で「それってまさか例の『肺炎』じゃ！！」
4コマ目：提灯の下がった桜の下。大きなシートを敷いた上に、さっきまで咳をしていた女性と小柄な女性がちんまり座っています。周囲の人たちは、二人を避けて場所を移るため荷物を運んでいます。
そこへ会社の人たちが到着して言います。「よく場所あったねー」

説明おわり。

原案　吉良まちこ（元品川図書館音訳者）
添削　遠藤美枝子

【音訳のポイント】

セリフが先か、ト書きが先かなど、ルールを決める必要はありません。
作者はその場面で何を伝えたいかで判断しましょう。

出典

p28：「歳出決算を市民一人あたりで見てみると…」（横浜市広報）

p34，p86：『問いからはじめる社会福祉学 ―不安・不利・不信に挑む』坏 洋一／金子 充／
室田真一 著　有斐閣ストゥディア

p36：横浜市広報

p42：千葉県立西部図書館だより 第8号　1995.10

p50：『15000人のアンネ・フランク ―テレジン収容所に残された4000枚の絵』野村路子 著
径書房

p40, p58, p122：『イチョウ　奇跡の2億年史 ―生き残った最古の樹木の物語』ピーター・
クレイン 著　矢野真千子 訳　河出書房新社

p44：『十三億分の一の男 ―中国皇帝をめぐる人類最大の権力闘争』峯村健司 著　小学館

p68：『円朝ざんまい』森まゆみ 著　平凡社

p74：『中国の五大小説　下 ―水滸伝・金瓶梅・紅楼夢』井波律子 著　岩波書店

p82：『理学療法ジャーナル　第30巻 第11号』 1996年11月　医学書院

p88：「自殺実態白書2013」 NPO法人ライフリンク発行

p92：『本の森　翻訳の泉』 鴻巣友季子 著　作品社

p56, p106～109：『河北新報の一番長い日 ―震災下の地元紙』 河北新報社 著　文藝春秋

p116：『眠れなくなるほどキモい生き物』大谷智通 文　猫将軍 絵　集英社インターナショナル

p118：『新リア王　上』髙村 薫 著　新潮社

p120：『黄金の夢の歌』津島佑子 著　講談社

p126～128：『えほん　障害者権利条約』ふじい かつのり 作　里 圭 画　汐文社

p130：4コマ漫画「パロパロ新世紀劇場」コジロー 『サンデー毎日』2003年4月20日号 p51

おわりに

　半世紀余にわたる音訳活動の中で集めた資料や、学んだ事柄を何らかの形でまとめたいと思いつつ、なかなか実現しなかったのですが、やっとこの度、2部の事例集を発行できる運びになりました。

　そしてこの作業はまた、50年以上前、まだ「バリアフリー」という言葉が取りあげられる機会がなかった時代に、「受身の読書ではなく、自分の読みたい本を、読みたい形で読んでほしい」と願い、視読協（視覚障害者読書権保障協議会）という団体をつくり、各方面に働きかけた方達の思いをたどる作業でもありました。

　時代は移り、社会情勢も大きく変化しました。視覚障害者の方たちの発信力も強まり、読書に対する要望も多様化しています。著作権者の権利を尊重しつつ、利用者の要望に応えていくために、「音訳」はどのように変わっていけばいいのでしょうか。もう一度、障害者サービスがスタートした時点に立ち戻り、ここから再出発していただけたら幸いです。

　最後に、辛抱強く私の原稿が仕上がるのを待ってくださった(有)オフィス・コアの居谷敬子氏、図表作成や構成に尽力してくださった日向真紀子氏、各方面への許諾や編集、出版を引き受けてくださった読書工房の成松一郎氏、村上文氏に心からの感謝の意を表します。

　　　　　　　　　　　　　　　　　　　　　　　　　　遠藤美枝子

著者 遠藤美枝子

略歴

1967年、大学在学中より日本点字図書館録音ボランティアとして活動を開始。その後、都立中央図書館、横浜市立中央図書館、オフィス・コア、東京都盲人福祉協会などで音訳に従事。また都立中央はじめ都内、関東各県、静岡、三重、新潟などの図書館やボランティアグループ、日本フィランソロピー協会、読売文化センターなど各機関にて音訳講師をつとめ、現在にいたる。

2017（平成29）年12月「障害者の生涯学習支援活動」に係る文部科学大臣表彰を受ける。

音訳事例集
図版の読み方編

2024年9月25日初版発行

［発行・編集製作］
有限会社 読書工房
〒171-0031
東京都豊島区目白2-18-15
目白コンコルド115
電話：03-6914-0960
ファックス：03-6914-0961
Eメール：info@d-kobo.jp
https://www.d-kobo.jp/

［著］
遠藤美枝子
［制作協力］
有限会社 オフィス・コア
［第1章、第2章p94イラスト］
野田新介
［印刷製本］
株式会社デジタル・オンデマンド出版センター

©Endo Mieko 2024 printed in Japan
ISBN978-4-902666-47-2 C0037